MANUAL DE LA
Bruja Moderna

La información contenida en este libro se basa en las investigaciones y experiencias personales y profesionales del autor y no debe utilizarse como sustituto de una consulta médica. Cualquier intento de diagnóstico o tratamiento deberá realizarse bajo la dirección de un profesional de la salud.

La editorial no aboga por el uso de ningún protocolo de salud en particular, pero cree que la información contenida en este libro debe estar a disposición del público. La editorial y el autor no se hacen responsables de cualquier reacción adversa o consecuencia producidas como resultado de la puesta en práctica de las sugerencias, fórmulas o procedimientos expuestos en este libro. En caso de que el lector tenga alguna pregunta relacionada con la idoneidad de alguno de los procedimientos o tratamientos mencionados, tanto el autor como la editorial recomiendan encarecidamente consultar con un profesional de la salud.

Diseño de portada: Editorial Sirio, S.A.
Maquetación de interior: Toñi F. Castellón

©   de la edición original
    2020, Montse Osuna

©   de las ilustraciones
    Anna Airis Hierro Gaza

©   de la presente edición
    EDITORIAL SIRIO, S.A.
    C/ Rosa de los Vientos, 64
    Pol. Ind. El Viso
    29006-Málaga
    España

www.editorialsirio.com
sirio@editorialsirio.com

I.S.B.N.: 978-84-18000-57-7
Depósito Legal: MA-484-2020

Impreso en Imagraf Impresores, S. A.
c/ Nabucco, 14 D - Pol. Alameda
29006 - Málaga

Impreso en España

Puedes seguirnos en Facebook, Twitter, YouTube e Instagram.

MONTSE OSUNA

MANUAL DE LA
Bruja Moderna
Magia Cotidiana para
Mejorar tu Vida

EDITORIAL
SIRIO

Advertencia al lector:
A falta de una terminología más actual, en este libro llamamos «brujería» o «hechicería» al conocimiento y ejercicio de una sabiduría ancestral relacionada con las fuerzas del universo y las energías cósmicas. Nada hay en ello de maléfico ni oscurantista sino que, por el contrario, se trata de conocer unos poderes que están en la naturaleza y que todos podemos utilizar para favorecer nuestra vida y el destino de las personas que amamos.

Índice

Introducción

Agradezco a todas las personas que han seguido mi trabajo de la Bruja Moderna desde hace años, a todos los nuevos lectores que hoy se suman a este movimiento de empoderamiento no solo de la mujer, sino de la energía femenina que también los hombres poseen, y a toda/os los lectores que se seguirán sumando en un futuro a corto y a largo plazo.

Ahora abordo con placer una nueva iniciativa de seguir transmitiendo esta filosofía de vida que a mí personalmente me ha dado tantas satisfacciones.

La magia es una filosofía de vida, en la que hay que creer y que hay que cuidar, mimar y amar, pero, sobre todo utilizar las energías en beneficio de toda la humanidad.

En mis libros no enseño cómo odiar, ni cómo hacer daño a nadie, y por eso pido ese respeto no para mí, sino para quien está leyendo estas humildes palabras y para toda la humanidad.

Todos sabemos que ya estamos en una nueva etapa, en un nuevo ciclo de cambios, que nos trae la nueva era de acuario. Esta nueva era de acuario, que durará aproximadamente 2143 años, nos aporta nuevas vibraciones a las cuales debemos adaptarnos.

El planeta ya está cambiando esta vibración, así que el ser humano debe adaptarse sí o sí a estas nuevas frecuencias vibratorias.

Sobre este tema hablo mucho más en mi octavo libro, *Las virtudes mágicas de los siete colores*, que te ayudará a comprender mucho más cómo funciona el mundo de las energías, sus cambios y cómo se debe trabajar la magia, para no dañarnos ni dañar a nada ni a nadie, y mucho menos a nuestra Madre Tierra ni al medioambiente. Os recomiendo esta lectura a mis lectores y a todos aquellos que creen en la magia y en sus energías, porque esta nueva era de acuario nos trae cambios muy rápidos —las nuevas tecnologías, la energía femenina y una mente rápida y despierta para el nuevo ciclo—, pero eso implica la adaptación de esta nueva energía en cada ser humano. La Tierra ya lo está haciendo y ahora nos toca la readaptación de la nueva energía a nosotros. Por eso es tan importante trabajar la magia moderna desde el corazón y para los corazones.

Una buena Bruja Moderna, o brujo, se debe caracterizar por ser una persona avanzada y con una ética y unos principios intachables. *Bruja* significaba en la Antigüedad 'mujer sabia', y es en la época de la Inquisición cuando se las empieza a considerar diabólicas, algo muy lejos del significado real y la labor de estas mujeres de antaño. Sabemos cuántas de ellas llegaron a morir en las hogueras, mientras que los hombres que murieron por este mismo motivo fueron muy pocos. Fue una época llena de oscurantismo y usurpación de los derechos de las mujeres.

Es mi deseo que se unan a mi comunidad de brujas modernas personas sabias y buenas de corazón, para que de esa forma podamos trabajar todos juntos en una misma dirección y con los mismos objetivos de hacer que la evolución del ser humano sea cada vez mejor, más pura, llena de energías positivas y con mucha, mucha luz. Salgamos de las noches oscuras y traigamos claridad a nuestras mentes, corazones y vidas, y a las mentes, corazones y vidas de los demás.

Declaración de buenas intenciones

Antes de empezar la lectura y comenzar a mover energías es muy importante crear un compromiso con uno mismo, que repercutirá en los demás seres, ya sean animados o inanimados.

Un compromiso es aquello que nos hace tomar una decisión que cumpliremos a rajatabla.

La magia y el mundo de las energías es una filosofía en la cual debemos reflejarnos continuamente con buenas y sanas decisiones.

La sabiduría tiene que ir acompañada de amor, por eso en los manuales de la Bruja Moderna encontrarás mucha de esta sabiduría ancestral y moderna, pero el AMOR lo pones TÚ.

Porque el sentimiento de compasión y amor lo pongo yo cuando escribo y vosotros lo debéis poner en acción, con vuestros actos.

Gracias, lectores, por ser fieles a esta sabiduría, a esta filosofía de vida, ancestral y moderna. Trabajemos juntos con ella, para la unidad de un mundo cada vez mejor, más ordenado, más iluminado, más amoroso, más bello, más sano y lleno de verdad, mucho más opulento y, por supuesto, muchísimo más libre.

Para ello he redactado un compromiso que debe ir firmado por ti, lector o lectora. Y hagamos que...

Todos nuestros deseos se cumplan.

El compromiso

Yo, (nombre del lector/a) _____

_____

me comprometo a cumplir sin excepción ni vacilación y a rajatabla estos decretos:

Jamás hacer uso de la energía para hacer daño a otro ser, ya sea humano, animal, vegetal o mineral.

Cuidar y no dañar bajo ningún concepto el medioambiente en su totalidad.

Pensar, antes de ejecutar algo, en las consecuencias que eso pueda acarrear. Y, si son negativas, desestimar la idea.

No trabajar con la voluntad de los demás sin su permiso.

No utilizar la magia para conseguir lo ajeno.

Nunca anteponer mis intereses a los de los demás.

Utilizar la energía y la magia para transmutar lo negativo siempre en positivo.

Amar por encima de todo cada acto que realizamos en un ritual, hechizo, etc., con amor incondicional hacia uno mismo y los demás.

Entender y apli-
car la magia como algo bello,
como una filosofía de vida que me
enseña a ser un poco mejor cada día.

Con esta filosofía que practico, cuidar mi alimentación y mi aseo personal y los lugares en los que habi-
to y, sobre todo, en los que trabajo con las energías, (algo
que es muy importante).

Rechazar cualquier mal hábito, como las drogas, el alcohol, el
tabaco, la ludopatía, etc., es decir, todo aquello que sea un hábito
negativo y dañino hacia mi persona o hacia los demás.

La magia que practico es luminosa, blanca y llena de buenas intenciones. Sabia, pura y transparente.

Jamás trabajaré la magia opuesta a la blanca.

Así es y que así sea. AMÉN.

Firma:
(nombre del lector/a)

_____

I

Codas podemos ser un poco brujas

La salud, el amor, el éxito, la alegría, el atractivo, la felicidad en el seno de la pareja, la maternidad dichosa, la madurez serena y la longevidad henchida de sabiduría son todos ellos atributos esenciales para nuestra vida en plenitud, que las fuerzas cósmicas positivas nos han confiado principalmente a las mujeres, dotándonos de esos poderes que podemos –y tal vez debemos– aprender a conocer y desarrollar.

E s sabido que en el universo existen una serie de energías de distinto signo y diferente poder, algunas de las cuales ya van siendo reconocidas y medidas por la astronomía y la astrofísica. Estas energías surgen de los movimientos planetarios, de las explosiones e implosiones de estrellas y galaxias, y crean poderosos equilibrios y desequilibrios. Actúan desde la gran expansión original que dio origen al cosmos, y su fin es mantener la armonía universal. Pero esa energía se compone de fuerzas positivas y negativas, que en cada segundo y a lo largo de millones de años se enfrentan y se combinan en el espacio, influyendo en el destino de los astros y en el desarrollo de la vida. No es posible verlas, pero sí sentir su presencia a través de ondas y vibraciones que los seres vivos, por ejemplo muchas especies animales, pueden percibir y utilizar.

Esas vibraciones de la energía universal están presentes en todos los elementos que componen nuestro planeta, desde los mares y continentes hasta una simple piedra o las hojas de un árbol. Ciertos metales y gemas, algunas plantas y especias o la combinación adecuada de ellos poseen naturalmente una mayor carga energética, que a su vez entra en relación con las energías mayores que encierran los cuatro elementos planetarios: el agua, el aire, la tierra y el fuego. Pero de esto hablaremos más adelante; aquí lo importante es entender que esas energías existen, que están en todas partes y que influyen poderosamente en el destino y la vida de las personas. Y también que nosotros podemos influir en ellas, atraerlas y orientarlas para que nos ayuden a cumplir nuestros deseos, conjugándolas con nuestras propias energías positivas. Esta posibilidad no es tan mágica ni tan misteriosa como se suele creer, ya que en última instancia responde a un hecho natural cuyas reglas hay que conocer y practicar.

Si es sabido que esas energías están presentes en todos los seres, es lógico que se concentren con mayor intensidad y diversidad en la más perfecta de las criaturas: el ser humano. Y especialmente en nosotras, las mujeres. Que seamos la fuente de la reproducción de la vida nos ha dotado de mejores vibraciones vitales y de mayor sensibilidad para percibirlas y manejarlas. Eso nos beneficia tanto para recibir y orientar las energías positivas como para neutralizar las fuerzas negativas y las ondas indeseables. Somos, en principio, las mejores receptoras del poder que transmite la energía universal, pero esto nos hace también más sensibles a las fuerzas negativas y a las vibraciones que interfieren en la emotividad. Todas llevamos escondida también en nosotras la parte positiva de esa energía, destinada a sobreponernos a la adversidad y conseguir el equilibrio y el bienestar, aunque a menudo no sabemos encontrarla y reconocerla.

Muchas mujeres —quizá tú misma, alguna vez— hemos experimentado una súbita sensación de plenitud, de serenidad, de fuerza, que se manifiesta sin motivo aparente en nuestro interior y luego se desvanece. También tenemos a veces la sensación contraria: abatimiento, inquietud o angustia repentina, sin que haya una razón concreta que lo motive. Todo ello es, en realidad, efecto de las vibraciones positivas y negativas que albergamos y recibimos en nuestro interior y que cada tanto se desequilibran, produciendo esa sensación que puede parecer inexplicable. Pero no solo se pueden explicar, sino que también existe la posibilidad de influir en ellas, favoreciendo nuestras propias fuerzas positivas y «recargándolas» desde los cuatro elementos o desde los seres y objetos que pueden traspasarnos su energía.

Entender y reconocer esas fuerzas no solo nos dará una mayor estabilidad psíquica y física, sino que también es posible orientar su poder para solucionar situaciones concretas que nos interesan. Para poder utilizarlas, necesitamos aprender a realizar determinados ejercicios o experiencias (que aquí llamamos «hechizos»), que tienen por objeto reunir los elementos energéticos naturales más adecuados para cada fin en el momento y la forma más apropiados. Casi todos se acompañan de invocaciones (que llamaremos «conjuros»), cuya única magia es la de poder expresar claramente nuestro deseo interior, con la fuerza y la precisión del lenguaje. Para eso es preciso también ejercitar un poco el autoconocimiento, que nos permita dirigir las energías propias y externas hacia el cumplimiento de nuestros deseos, influyendo así en nosotras mismas, en los demás y en las cosas materiales.

Desde luego también los hombres, como todos los seres vivientes, participan de las energías cósmicas. A través de la historia, y aún hoy, algunos han destacado por su capacidad de adivinación o sus aptitudes extrasensoriales. Pero es también sabido que la mayoría de ellos se han preocupado más de lo material, desdeñando una sabiduría ancestral que podría ayudarlos en esas mismas preocupaciones y en muchas otras.

VOLVER A LA SABIDURÍA ANCESTRAL

La potencia de las fuerzas universales y su componente vital femenino han formado parte del conocimiento ancestral de la humanidad desde los tiempos más remotos. Todas las mitologías del pasado confiaban en diosas benéficas, maternales, generosas, protectoras, que a menudo combatían o neutralizaban los poderes adversos de los dioses de la guerra, del sufrimiento y de la muerte. El propio dogma católico otorga a María la maternidad de Dios hecho hombre, y es la primera religión que venera a una «Madre de Dios» como seno femenino que hizo posible la encarnación del verbo y la redención. Es decir, la fe cristiana coloca en una mujer la mediación necesaria para concentrar todas las fuerzas positivas y benéficas. Porque eso representa la «buena nueva» que trae Jesús: Dios nos ama, y debemos amarnos los unos a los otros para alcanzar la plenitud de un reino que «no es de este mundo». Es la plenitud que viene del cielo, el equilibrio del universo y de cada uno de nosotros. Aparte de esa significativa mediación, María fue dotada de una poderosa capacidad de hacer milagros (especialmente los pequeños milagros que alivian el sufrimiento personal o de un grupo de individuos), que equivale a dominar las energías del universo. En ese sentido, la fe mariana es un símbolo más de la fuerza vital que habita en las mujeres, esa fuerza que en Egipto representó Isis (la diosa Luna), en Babilonia Astarté o en la América precolombina la Pacha-Mama, que es la vez madre-tierra y madre de la Tierra.

Hubo así una sabiduría original para manejar el poder de las fuerzas cósmicas, que el propio universo transmitió en primer lugar a las mujeres, para que condujeran y orientaran la verdadera riqueza de la vida. Está comprobado que las civilizaciones antiguas que más y mejor estudiaron el cosmos, el movimiento de los astros y las energías que estos irradian fueron las que más recurrieron a la intercesión mágica femenina, a través de diosas, adivinas, vestales, pitonisas, sibilas y sacerdotisas.

LAS ENERGÍAS QUE LLEVAMOS DENTRO

No es raro oír decir que todas las mujeres «tienen algo de bruja». Lo cierto es que, aparte de la intención con que se diga, estoy completamente de acuerdo. He explicado ya al comienzo de estas líneas la relación entre las fuerzas cósmicas y lo femenino. La sabiduría popular lo refleja cuando se habla de la «intuición femenina» para referirse a la capacidad de las mujeres para adivinar algo que va a ocurrir o los verdaderos motivos de lo ocurrido. Suele decirse también que las mujeres somos más sentimentales que racionales, verdad a medias que, de todas formas, es más virtud que defecto. Mientras que los hombres piensan en «vertical», atendiendo a las jerarquías y diferencias de poder entre ellos, estudiando a quien deben obedecer y a quien pueden mandar y luchando por ascender en esa escala, las mujeres operamos en forma más «horizontal», estableciendo lazos y redes afectivas basados en la sensibilidad y en la intuición, que nos dan un poder distinto, menos visible pero más sólido y duradero.

La vieja afirmación de que «la mujer es el reposo del guerrero» alude también a otra capacidad femenina: la de calmar y someter las energías agresivas que dominan frecuentemente a las personas y las impulsan a actos tan insensatos y negativos como la guerra o el deseo de destrucción (incluyendo la autodestrucción). En todas las culturas conocidas, lo masculino se representa con formas y símbolos más o menos fálicos que, más allá de su obvia alusión sexual, exaltan el poder físico, la verticalidad solitaria y aislada. Lo femenino, en cambio, ha sido representado siempre con formas curvas y serenas, suavemente relacionadas entre sí, o también por un círculo (la Luna), que es la figura geométrica más equilibrada, a la que se atribuyen a menudo cualidades mágicas.

Pero no debemos olvidar que el astro de la noche es también una esfera: la forma cósmica perfecta, presente en todos los astros, y probablemente la forma original total que contiene el universo. La esfera fue también el instrumento fundamental de las antiguas adivinas y el símbolo ancestral del equilibrio de todos los puntos de fuerza, en cuyo centro se unen las cuatro flechas del tiempo.

LA BRUJERÍA DEL SIGLO XXI

Lo que en la actualidad aún llamamos «brujería» o «hechicería», con términos medievales, es en realidad la permanencia de aquel conocimiento original y ancestral que tal vez deberíamos llamar simplemente «sabiduría», para distinguirlo de algún modo de la ciencia oficial (aunque lo cierto es que la distinción la ha promovido esta). No deja de ser divertido seguir llamándolo «brujería», que es lo que haremos en este libro, con más ironía que pretensiones esotéricas.

En la actualidad la brujería atraviesa un momento de gran influencia y reconocimiento. De gran influencia porque el cambio de milenio ha despertado nuevas fuerzas astrales y ha puesto en

tensión las energías positivas y negativas que intentan dominar la nueva era. Y de reconocimiento porque cada vez hay más gente que va comprendiendo y aceptando que existen muchas personas que pueden prever y orientar la dirección de esas fuerzas, realizar acciones que las dominen en sentido favorable y ayudar decisivamente a que cada uno pueda obtener sus metas de felicidad, de éxito y de bienestar consigo mismo y con los demás. Y no me refiero solo al individuo medio, sino también a gobernantes, empresarios, intelectuales e incluso científicos, que buscan en nosotras, las brujas, respuestas y consejos para salir adelante en su profesión o en su vida personal.

En el mundo de hoy, pese a todos los adelantos tecnológicos que nos hacen la vida material más confortable y los avances científicos que nos permiten por ejemplo explorar la superficie de Marte (pero no sus energías internas), la vida espiritual y psíquica de las personas parece ser cada vez más insegura, solitaria y desamparada. El aparente progreso exterior ha venido acompañado de un empobrecimiento y desasosiego en el interior de los individuos, que se enfrentan a problemas personales como la soledad, la falta de afecto, el insomnio, malestares físicos y desarreglos emocionales sin causa aparente, la irritabilidad incontrolada o la pasividad impotente ante las adversidades de la vida. Al mismo tiempo, nos resulta cada vez más difícil afrontar problemas sociales y de convivencia. En muchos casos estos sufrimientos y dificultades obedecen a una sobrecarga de energías negativas, que es necesario compensar y eliminar.

Ya hemos dicho que todo ser humano lleva en sí la fuerza necesaria para cambiar el rumbo de su destino, y algunos consiguen descubrirla —y utilizarla— por sí mismos, o por hechos aparentemente casuales que les permiten despertar sus energías positivas. Pero la mayoría no conocen o no pueden superar las contrafuerzas que los dominan, y deben aprender a romper el círculo negativo, utilizando la energía universal para orientar su propio destino y superar los hechos adversos de la vida. Este libro pretende ayudar a emprender ese camino, desde el conocimiento y la experiencia de una modesta Bruja Moderna, que está orgullosa de serlo y de poder transmitir a cada cual lo que necesite y quiera utilizar de nuestra antigua sabiduría.

POR QUÉ SOY UNA «BRUJA»

Yo misma vivo cada día en mi consulta esa posibilidad de ayudar a la gente a resolver sus problemas o a alcanzar sus deseos. Pero sé que soy solo una intermediaria, una simple guía en el camino de encontrar cada uno el dominio de su fuerza interior y de la energía que lo rodea. Mi sabiduría parte de un don que todas tenemos, en mayor o menor medida; de un profundo trabajo sobre mí misma; de las enseñanzas que he recibido de otras maestras, y del estudio y el conocimiento de los sortilegios apropiados para cada ocasión, que deben efectuarse con gran exactitud y concentración.

En un momento de mi vida, elegí como misión la «hechicería», pero no para sacar beneficio de falsos artilugios o sortilegios más o menos esotéricos, sino para ayudar a las personas con toda la sabiduría acumulada a través del conocimiento ancestral sobre el poder cósmico, el dominio del propio cuerpo y mente, y los ejercicios y conjuros que utilizan la fuerza depositada en elementos sencillos de la naturaleza, en la forma y el momento adecuados. Digan lo que digan las tradiciones y leyendas adversas a la brujería, nunca he sentido que mis dones y mi experiencia tengan que ver con algo maligno, como intenciones de causar daño o deseos de venganza. Si tenemos algún enemigo o alguien nos ha traicionado, la mejor represalia será nuestra felicidad y nuestra paz interior. Por eso en este libro no encontrarás maleficios, sino todos aquellos consejos y conjuros que puedan ayudarte a disfrutar de la vida lo más plenamente posible, porque eso es lo que tú y los que te quieren os merecéis.

Siempre creí —o mejor dicho, *sentí*— que había en mí fuerzas y posibilidades desconocidas que no se explicaban en la escuela ni en los libros comunes. Pero no se trataba solo de una cuestión de creencia, de fe, sino del aprendizaje, la dedicación y la experiencia que me permitieron comprobar que, efectivamente, podía ayudarme a mí misma y sobre todo a los demás por medio del ejercicio de lo que desde hace siglos se llama «brujería».

Hoy estoy orgullosa de ser una «bruja», creo que bastante buena, pero también una Bruja Moderna: una persona que ha adquirido una sabiduría y unos poderes que no obedecen a pactos satánicos, ni a todos esos procedimientos ocultos y oscuros que suelen englobarse en la denominada «magia negra». Prefiero llamar a mis conocimientos «magia gris», porque tampoco me dedico a los trucos y prestidigitaciones de los ilusionistas que practican la «magia blanca». Mi magia es gris porque toma algunos elementos y recursos de la antigua magia, pero prescindiendo de lo que esta tenía de superstición y tenebrismo. Gris porque necesita de un proceso iniciático y un conocimiento profundo que no les es necesario a los magos blancos para sorprender a su público. Pero esencialmente porque el gris es el color de equilibrio entre el blanco y el negro, entre los extremos; un color de infinitos matices y posibilidades, que en mi opinión son como los matices de la sabiduría y las posibilidades de la vida.

PARA QUÉ PUEDE SERVIRTE ESTE LIBRO

Todo lo que he expuesto hasta aquí, mi propia experiencia de relación con otras personas más o menos dotadas y especialmente el contacto diario en mi consulta con mujeres de distintas edades, nivel cultural y condición social, me llevó a reconocer lo que he afirmado al comienzo: que todas tenemos la posibilidad de ser un poco hechiceras.

Y como soy una bruja moderna, que no cree en el ocultismo ni el esoterismo cerrado de los viejos aquelarres, pensé que era una buena idea transmitir a otras personas los principios básicos y los saberes elementales de la hechicería. El medio que elegí para hacerlo es este manual, que no es un tratado de magia –que los hay, y algunos muy buenos–, sino algo más parecido a una guía práctica. Mi intención es explicar cómo esas fuerzas internas y externas pueden ser reconocidas y utilizadas con actitudes positivas y hechizos concretos y relativamente sencillos.

No pretendo que cada una de mis lectoras se convierta en una experta, así como los manuales de bricolaje o de primeros auxilios no van dirigidos a formar ingenieros o médicos. Este es un manual que cualquier mujer (u hombre, si es el caso) puede utilizar en su casa, sin alterar su vida cotidiana, su trabajo, sus costumbres ni sus creencias. Por el contrario, la ayudará en cada uno de estos aspectos, si sigue las indicaciones con exactitud y concentración.

Las energías cósmicas no responden a cualquiera que enciende unas velas en cualquier rincón o pronuncia un conjuro distraídamente mientras prepara la comida. El hecho de que se trate de un manual no significa que sea una colección de recetas, aplicables en cualquier momento y sin preparación previa. Por eso este libro incluye unas explicaciones y unos consejos básicos que es imprescindible leer previamente. Quien salte apresuradamente al conjuro que necesita, por apremiado que esté, solo conseguirá fracasar. O lo que es peor, obtener por torpeza un efecto contrario.

Ser una «bruja», siquiera sea de forma ocasional, requiere ciertos conocimientos y requisitos. Eso es lo que se explica en este manual, de la forma más amena y comprensible pero también con rigor y seriedad. Una vez adquirida e interiorizada esa sabiduría esencial, podrás comenzar a realizar los sortilegios, siguiendo siempre exactamente las indicaciones para cada uno. Y aun así, es posible que fracases la primera vez, o alguna más. Vuelve a intentarlo. Las energías adecuadas no siempre están disponibles, o bien cualquier despiste en el proceso puede alejarlas. Te aseguro que finalmente lograrás dominarlas. Y si alguna se te resiste, puedes invocarme para que te ayude. Pero no por medio de palabras mágicas, sino por correo electrónico o a través de mis redes sociales: mi blog, Instagram, YouTube y Facebook. ¿O es que no somos unas brujas modernas?

https://montseosuna.com/
contacto@montseosuna.com

II

Los instrumentos de la magia cotidiana

LA ENERGÍA POSITIVA DE LAS COSAS SENCILLAS

Las brujas modernas no necesitamos instrumentos misteriosos ni filtros exóticos para convocar la ayuda benéfica de las energías cósmicas. Su fuerza, expresada en vibraciones favorables, está en todos los elementos del planeta y también en nuestras propias mentes, que forman parte inseparable del gran poder universal. Para concentrar nuestra mente y dirigir el intercambio de energías en favor de un fin determinado, utilizaremos cosas muy sencillas y cotidianas, que se pueden obtener fácilmente. En algunos casos serán elementos naturales, como flores, hierbas o minerales; en otros, objetos con una especial carga energética, como las casi imprescindibles velas, o inciensos y perfumes que impregnen favorablemente el ambiente donde realizamos el hechizo. Para ciertos fines se utilizan también objetos personales habituales, ya sean de la propia bruja o de la persona sobre la que se quiere influir (sortijas, mecheros, lápices, etc.), ya que suelen poseer y transmitir vibraciones estrechamente vinculadas a su dueño.

Contra lo que suele creerse habitualmente, los elementos simples y cotidianos poseen con frecuencia una mayor carga y sensibilidad energética que los instrumentos algo extravagantes que se solían asociar a la hechicería tradicional. Las brujas modernas sabemos que las cosas sencillas y habituales intercambian energías con más fuerza y facilidad, tanto con el cosmos como con las personas, precisamente por su contacto continuo y más cercano con nuestras propias vibraciones. Podríamos hacer una analogía con los animales domesticados y de compañía que, por llevar muchas generaciones junto a los seres humanos, se entienden y comunican con nosotros por medio del intercambio de ondas afines. Las bestias salvajes o exóticas nos son mucho más ajenas, y es frecuente que el choque de vibraciones produzca desconfianza y agresividad. Y ya que hablamos de animales, vamos a puntualizar que la brujería moderna descarta por completo la utilización de gatos negros, lechuzas, lagartos y otros bichos supuestamente mágicos, y en general la mediación de cualquier ser vivo en la realización de los sortilegios. En primer lugar, por respeto al importante componente ecológico que integra la armonía cósmica y en segundo lugar, porque las vibraciones de los entes biológicos tienen un ritmo diferente en cada espécimen, por insignificante que sea, cuya orientación no se puede desviar sin riesgo de desatar efectos contraproducentes.

Por tanto, el primer paso de la aspirante a bruja moderna debe ser olvidar toda esa imaginería vinculada con la magia negra, que hoy solo permanece en obras de ficción o en atracciones de feria. Nuestra magia ha de ser luminosa, positiva, ecológica y, sobre todo, mental. Porque nuestra mente, a través de la concentración y la voluntad, es la verdadera artífice del éxito de cualquier hechizo. Sus vibraciones se canalizan, como ya hemos dicho, con el uso de elementos sencillos y, siempre que sea posible, habituales y cotidianos.

Esta insistencia no es un «cebo» para hacer creer al lector que la magia es algo más simple de lo que realmente es. Por el contrario, consiste en la integración de nuestra mente y nuestras vibraciones en la energía cósmica, que es un proceso bastante complejo, pero también absolutamente natural.

Decíamos al comienzo que la energía cósmica está presente en todos los seres y objetos del universo, y sus fuerzas mantienen una constante interacción. Nuestra propia energía interactúa, a su vez, con el cosmos, con las otras personas y con los elementos materiales que nos rodean. Y estos elementos han de ser los mejores canales mediáticos para conseguir las vibraciones adecuadas a cada fin. Si se trata de flores, vibrará mejor una rosa común que una exótica orquídea; si son metales, mejor un viejo clavo herrumbroso que una piedra de mineral de hierro; si de expresar el deseo del hechizo, mejor un papel escrito con nuestras propias palabras (nuestra versión mental) que un complicado sortilegio en latín.

Siempre, y sin duda alguna, la bruja moderna debe escoger como instrumentos de trabajo los más cercanos a ella misma y a las personas en general, que son los más sensibles a la canalización de las vibraciones humanas. No obstante, no todos los elementos sencillos, de cualquier color o condición, poseen la misma capacidad energética. La sabiduría ancestral ha comprobado y escogido algunos de ellos, con determinadas características, como los más poderosos y positivos para mediar en nuestros hechizos. A continuación veremos algunos conocimientos básicos sobre los principales instrumentos de la bruja moderna.

LA IMPORTANCIA FUNDAMENTAL DE LOS COLORES

Nuestra vista distingue un determinado abanico de colores, que la energía cósmica nos expone cada tanto en el espectro que presenta un fenómeno natural: el arcoíris. A veces, si nos colocamos de espaldas al sol inmediatamente después de la lluvia, vemos en el cielo un arco con toda la gama de colores. Esta visión es producto de la reflexión y refracción de la luz dentro de las gotas de agua que aún permanecen suspendidas en la atmósfera.

La luz en sí es una de las energías esenciales del universo y se transmite por medio de rayos emitidos o reflejados por los propios astros, como si quisieran señalar su lugar en el cosmos y reconocerse entre sí. La luz cósmica es casi totalmente blanca, aunque a veces podamos advertir un matiz naranja en determinada estrella o un tono azulado en los rayos lunares. Esto se debe a que el blanco contiene todo el espectro cromático, y la interferencia de partículas u ondas puede hacer resaltar un determinado color, que tiñe ligeramente el rayo luminoso.

Cuando la luz blanca se posa sobre cualquier material u objeto, este refleja un determinado color (o una combinación de dos o más colores del espectro), que nos permite identificarlo, definir sus formas y distinguirlo de otros elementos próximos. En ausencia de la luz reina la oscuridad, el negro absoluto, que nos impide reconocer y distinguir lo que nos rodea. La luz ilumina el universo, mientras que la oscuridad lo oculta. La luz es la energía primordial que nos permite ver, es decir, conocer y reconocer todo lo que nos rodea. En cierto sentido, la luz define la identidad de la materia y de los seres vivos, cuando menos a los ojos de los seres humanos, y es también la fuente del calor y de la vida.

La sabiduría ancestral lo expresa en el Génesis bíblico: «Al principio creó Dios los cielos y la Tierra. La Tierra estaba confusa y vacía, y las tinieblas cubrían la haz del abismo, pero el espíritu de Dios se cernía sobre la superficie de las aguas. Dijo Dios: "Haya luz", y hubo luz. Y vio Dios que la luz era buena, y la separó de las tinieblas». En otras palabras, parecería que el propio Creador necesitó imponer la luz para proseguir y apreciar su obra.

Pero el blanco de la luz contiene en sí todos los colores, y cada uno de ellos presenta unas vibraciones particulares que influyen sobre las cosas que lo poseen y sobre las energías que estas irradian. El hecho de otorgar determinada cualidad a los colores viene de muy antiguo, comenzando por atribuirle al propio blanco la limpidez y la pureza, y a su contrario, el negro, la maldad o la adversidad. Aparte de estos extremos divulgados por la sabiduría popular, cada franja del espectro cromático tiene una determinada carga energética y un tipo de influencia sobre el entorno. También hay colores que casan bien entre sí, y otros que se rechazan y crean perturbaciones y vibraciones negativas al entrar en contacto.

La bruja moderna debe conocer, al menos someramente, estas propiedades favorables y adversas de los colores y saber utilizarlos, evitarlos o combinarlos en los instrumentos de sus hechizos. No debemos olvidar que el color es como la piel de lo que nos rodea, su identidad y su contacto con el exterior, la capa cromática que filtra y orienta el intercambio de las vibraciones.

COLORES CÁLIDOS Y FRÍOS

La primera distinción que podemos hacer entre los colores se basa en su «temperatura» simbólica, cuya importancia conocen muy bien los pintores y decoradores. Los colores llamados cálidos, como el rojo, el amarillo y su combinación, el naranja, poseen un fuerte magnetismo, nos fijan a la tierra y nos transmiten su vitalidad y su fuerza. Son de fuerza positiva para todo lo que se relaciona con el poder, la materia, las pasiones, el esfuerzo y, en general, los aspectos más primarios y elementales de la vida. Entre estos se incluyen la salud física, la fertilidad, la potencia sexual, el éxito económico o deportivo y la atracción pasional y repentina. Esta última está fuertemente representada por el rojo intenso, y puede graduarse hacia sentimientos más sutiles y duraderos agregándole la influencia purificadora del blanco, es decir, utilizando la gama del rosa.

El amarillo es el color del éxito material y económico. No por una asociación obvia con el oro, sino con el rey de la materia, que es el Sol, cuya fuerza se transmitió al metal más escaso y valioso de nuestro planeta. En sus tonalidades limón, posee una notable fuerza curativa de los trastornos gástricos y hepáticos.

El naranja, al admitir diversas combinaciones de los dos anteriores, permite una mayor sutileza de matices y es por excelencia el color de la vitalidad sana y de la alegría. Las tonalidades con mayor componente rojo son más directas y ayudan a revitalizar las fuerzas psíquicas y anímicas, mientras que la gradación hacia el amarillo favorece la plenitud física y la armonía corporal, así como las relaciones apropiadas con lo material.

En el otro lado del espectro se encuentran los colores fríos, como el azul, el violeta y el índigo. Se trata de una base cromática más eléctrica que magnética, y por lo tanto nos desprende hacia el aire y facilita la interacción con el cosmos. En general, los colores fríos favorecen el equilibrio, la serenidad, la permanencia y los aspectos más profundos y espirituales de nuestra vida.

El azul es un color con muy buena imagen popular, por su presencia en el cielo y en el mar, superficies de gran influencia en el ánimo de la gente desde los albores de la humanidad. Ambas solo pierden su serenidad protectora cuando su azul esencial es invadido por los marrones y grises de la borrasca. Es también, en cierta medida, el color básico del universo y de su impresionante profundidad cósmica. Por ello su influencia benéfica alcanza a las tareas intelectuales y de estudio, al equilibrio y a la serenidad mental y espiritual, al conocimiento de uno mismo y a los aspectos místicos y religiosos de la vida.

El violeta es la combinación del azul y el rojo, y por tanto significa un arduo compromiso entre pasión e intelecto, entre lo cósmico y lo terreno. Se considera un color frío porque atempera las cualidades de sus componentes básicos hacia la serenidad y el equilibrio. Es el color de la humildad, de la paciencia, de la resistencia a la adversidad, y resulta muy benéfico en los hechizos dirigidos a afrontar desgracias o momentos difíciles con dosis adecuadas de voluntad y reflexión.

El índigo o añil es el sexto color del espectro, intermedio entre el azul y el violeta. Su no siempre fácil definición cromática lo hace rozar a menudo ambos extremos, y en general es un sustituto polivalente de estos colores cuando se quiere suavizar su fuerza hacia un tono frío más tranquilo y equilibrado. Por otra parte, sus vibraciones resultan benéficas para asuntos relacionados con el amor romántico y en general con los problemas de la adolescencia y la juventud. Curiosamente, se utiliza también para hechizos dirigidos al bienestar y la salud de personas mayores, por lo que puede considerarse un color apropiado para favorecer el equilibrio en edades críticas dentro de la evolución de la vida.

VERDE QUE TE QUIERO VERDE

En este apartado de título lorquiano vamos a referirnos a un color muy especial, cuya vibrante y abundante energía la bruja moderna no debe descuidar. El verde es, en principio, un color sin temperatura o al menos más bien templado, ya que se forma por la combinación del gran cálido, el amarillo, y el rey de los fríos, el azul. El verde es también el color omnipresente en la naturaleza, no solo en los innumerables matices del reino vegetal, sino también en muchos animales y minerales, cuando no en el propio mar. Color natural por excelencia, adoptado como símbolo por el ecologismo, sus poderes se relacionan con la evolución serena y con el equilibrio que supera conflictos en busca de la amplitud universal.

La fuerza del verde es muy apropiada para favorecer todos los asuntos que tengan que ver con la comprensión, la generosidad, la compasión, la benevolencia y también la humildad. Resulta casi infalible para obtener el perdón por una actitud o acción equivocadas, para entender y asumir problemas difíciles de abarcar o para aceptar con resignación positiva los límites naturales que presenta la vida. Es también benéfico y protector en los traslados y en las relaciones con la naturaleza (viajes, excursiones, deportes de aventura), así como en problemas vinculados con la alimentación y con las reacciones alérgicas.

Es un buen truco de bruja moderna poner algún toque del poderoso y sabio color verde en casi cualquier hechizo, excepto los que reclaman pasiones muy intensas o cambios muy extremos. En todos los demás casos, el verde aportará su dosis de templanza para atenuar los excesos de temperatura y dotar a los otros colores de mayor amplitud energética.

EL COLOR EN LOS HECHIZOS

A partir de las fuertes vibraciones básicas que emiten los colores y del conocimiento de las propiedades de cada uno, la bruja moderna debe poner especial cuidado en su utilización cuando se dispone a realizar un hechizo. En especial, debe atenderse al color de las velas y de los otros instrumentos principales que utilizaremos para convocar las energías apropiadas. He aquí algunas normas elementales para el empleo de los colores:

- Se pueden combinar dos o más colores favorables, aunque en general no se debe llegar a una abundancia de colores cuya interacción no siempre podemos prever.

- Conviene establecer una «temperatura» dominante (cálidos o fríos), según el fin que nos proponemos alcanzar, y trabajar sobre esos tonos, equilibrándolos con un toque de la temperatura opuesta. Las compensaciones más favorables son las del rojo con el azul, el naranja con el índigo, el amarillo con el violeta cuando el tono del hechizo es cálido, y en forma contraria cuando el dominante es un color frío.

- Dada la ambivalencia del verde, es un color que puede utilizarse en caso de duda para equilibrar la temperatura cromática del hechizo.

- Es siempre aconsejable la presencia del blanco, suma de todos los colores y símbolo de nitidez y pureza. Su energía refuerza la del color dominante, e incluso puede utilizarse en caso de duda o de carencia de un instrumento del color apropiado (por ejemplo, si queremos un hechizo en rojo y no disponemos de una vela de ese color, se puede encender una blanca, pero reforzando el rojo en los otros elementos o disponiendo un pañuelo de ese color en torno a la base de la vela blanca).

- Por el contrario, es absolutamente desaconsejable la utilización del negro, ya que su negatividad cromática debilita la energía de los otros colores. La única excepción podría darse en el caso de un objeto perteneciente a la persona a la que queremos atraer o ayudar (por ejemplo, un bolígrafo negro), y solo si no nos ha sido posible obtener uno de otro color.

Siguiendo estos consejos y las nociones básicas sobre la «temperatura», la bruja moderna podrá decidir los colores más favorables para cada hechizo, según la lista de propiedades energéticas que doy a continuación.

PROPIEDADES ENERGÉTICAS DE LOS COLORES

Esta lista se ha preparado consultando y contrastando diversas obras sobre cromatología, y también a partir de mi propia experiencia en la utilización de los colores. Debe decirse que no todos los autores coinciden en las cualidades de este o aquel color y que las propias vibraciones de cada oficiante o del ambiente en que realiza el hechizo pueden influir en la mayor o menor fuerza de determinada energía cromática. Proporcionamos aquí las propiedades que aparecen como más seguras y comprobadas para la utilización de los distintos colores, con la salvedad ya apuntada de que pueden presentarse variaciones según los casos.

En realidad cada una de nosotras, brujas modernas, debe ir experimentando y registrando su propia relación energética con las vibraciones cromáticas, atendiendo siempre a los principios básicos de los tonos cálidos y fríos y a las especiales propiedades del blanco, el negro y el verde. De esta forma llegaremos a confeccionar nuestra propia tabla personal, para lo cual lo que sigue es un imprescindible punto de partida.

Amarillo: Es el color del éxito económico y del poder sobre la materia. Su energía es muy favorable para todos los hechizos relacionados con el dinero, las inversiones, conseguir préstamos, los juegos de azar, la obtención de aumentos salariales o de ingresos extra y otras cuestiones vinculadas al bienestar material. En su otra vertiente favorece asuntos como la elección y compra de una vivienda o un vehículo y protege todo tipo de objetos contra el robo y el desgaste. Sus vibraciones son básicamente preventivas y protectoras, por lo que es conveniente utilizarlas *antes* de intentar cualquier clase de operación o solicitud de resultado incierto o *en el momento* en que se acaba de adquirir un bien que queremos proteger o se comienza a utilizar un vehículo o equipo del que deseamos obtener el mejor rendimiento.

No obstante, el poder del amarillo sobre lo material suele ser tan fuerte que también es posible utilizarlo para revertir una situación adversa o solucionar un problema, por ejemplo, reanimar una actividad empresarial o profesional, superar un mal momento financiero o detener el deterioro de una construcción o un mecanismo de cualquier tipo.

Sus fuerzas curativas son considerables en todos los trastornos respiratorios y digestivos, en especial en combinación con el verde.

Naranja: Es el color de la fuerza vital y de la vida plena y saludable. Debe utilizarse en los hechizos dirigidos a la recuperación física y anímica así como a la superación de angustias y depresiones. También favorece la energía sexual y la sensualidad en general, alegrando el ánimo y promoviendo un mayor disfrute de la vida. Es muy favorable en todas las cuestiones relacionadas con los vínculos personales y familiares; la preparación de viajes, paseos y vacaciones; el conocimiento y la mejora del cuerpo y del carácter, y el éxito en competiciones deportivas y la organización de fiestas, ceremonias y todo tipo de eventos en los que las relaciones interpersonales y la participación sean importantes.

El naranja está también presente en el crecimiento armonioso y la salud psíquica y corporal de niños y adolescentes, en la superación de circunstancias vitales deprimentes y, en general, en todos aquellos asuntos que requieren un buen ánimo y alegría de vivir. Su valor curativo es muy amplio, debido a su notable vitalidad, y resulta especialmente recomendable en los trastornos producidos por el agotamiento, la debilidad o el deterioro psicosomático.

Rojo: Este color es uno de los más fuertes del espectro, y rige los impulsos, los grandes esfuerzos físicos y mentales, el valor y la tenacidad. Dada la intensidad de sus vibraciones, no es conveniente utilizarlo solo o en muchos instrumentos a la vez. Salvo casos excepcionales, es recomendable usar un único elemento de este color en cada hechizo (por ejemplo, una vela o una flor), agregando algo cálido que lo acompañe y algo frío que lo atempere.

El rojo favorece las pasiones intensas, la atracción impulsiva, la seducción erótica y, junto con el naranja, la potencia y el placer sexuales. Como ya he indicado, el rojo puro no entra en consideraciones sentimentales. Si se desea que la pasión venga acompañada de amor y ternura, es necesario aclarar su intensidad hacia la gama del rosa, aunque este recurso apacigua en parte su vigor original. Otros asuntos en los que la energía del rojo es muy favorable son aquellos que requieren un gran impulso y atrevimiento, acompañados de constancia y firmeza. En general, es el color que protege los cambios arriesgados, las situaciones nuevas y difíciles, las acciones o actividades que requieren sortear peligros o emplear una intensa capacidad para sostener y soportar un determinado esfuerzo.

Su fuerza curativa es muy eficaz en las enfermedades cardiacas y circulatorias, aunque, como en todos los casos, es un color que debe emplearse con cuidado y en situaciones que realmente exijan y absorban su tremenda energía.

Violeta: Es el primer color frío del espectro, y su energía favorece el entendimiento, la calma y la resignación positiva. Debe utilizarse, solo o en combinación con otros tonos, en los hechizos dirigidos a zanjar enfados y disputas, a resolver malentendidos, a recuperar el equilibrio emocional, a afrontar situaciones que requieren serenidad y comprensión y, acompañado de un rosa fuerte, a la consolidación del afecto y a una serena vida amorosa o de pareja.

Este color rige también la resignación o aceptación de un hecho doloroso o una situación trágica (por ejemplo, la muerte de un ser querido), pero no en un sentido negativo, sino favoreciendo el sosiego necesario para comprender y evaluar lo ocurrido y encontrar el ánimo para proseguir el camino de la vida en tono positivo.

El violeta es un color noble y dócil, cuyas vibraciones se pueden orientar mentalmente con relativa facilidad y buenos resultados. Estas virtudes permiten utilizarlo, como tono principal o complementario, en numerosos hechizos. Casi todos los asuntos necesitan ese toque de equilibrio que este color, junto con el verde, aporta a las vibraciones cromáticas. En su vertiente curativa, el violeta actúa sobre las enfermedades mentales y nerviosas, la irritación, la hipertensión, el estrés, las fobias e hipocondrías y, en general, todos los males relacionados con la ansiedad y el desequilibrio.

Índigo: También llamado aria, lila, malva o morado, es un color sutil de delicadas vibraciones que oscilan hacia diversas influencias: el afecto familiar, amistoso o platónico; el desarrollo armonioso de los niños y jóvenes; la madurez plena y saludable. Su energía suave y persistente es muy favorable en los hechizos que tienen que ver con las relaciones entre padres e hijos o entre hermanos, la recuperación o consolidación de amistades y relaciones sociales o laborales, y en general los afectos de cualquier tipo sin implicación sexual. No obstante, favorece también la iniciación sexual en los jóvenes y es apropiado para mantener la sensualidad y el erotismo en la madurez.

Aparte de estos efectos favorables como color principal en ciertas cuestiones, el índigo aporta un excelente cromatismo secundario en muchos hechizos, en especial los que estén regidos por el violeta o el azul, que son los colores que lo integran. En caso de necesidad o de inseguridad sobre el tono adecuado, el índigo puede incluso reemplazarlos. En esta sustitución conviene siempre acompañarlo de un elemento naranja que lo refuerce.

Este color posee numerosas propiedades curativas, en especial para las cefaleas, los dolores musculares, los malestares sintomáticos y casi todas las dolencias y trastornos de carácter funcional.

Azul: Es el gran primario frío, que domina la mente y el intelecto, así como los aspectos espirituales y trascendentes de la vida humana. Su poder es equiparable al del rojo y el amarillo, y debe utilizarse con el mismo cuidado y respeto, acompañándolo siempre de un tono cálido, preferiblemente de la gama de los rojos suaves.

Su fuerza excepcional favorece todos los hechizos cuya finalidad tenga un carácter mental, como el éxito en los estudios y exámenes, el desarrollo de una carrera profesional, la solución de problemas que requieran inteligencia, la adquisición de nuevos conocimientos, la reflexión y profundización en un tema o situación y, en este aspecto, todos los asuntos vinculados al ejercicio eficaz de la capacidad de la mente para analizar y comprender los diversos hechos y circunstancias de la vida.

En su vertiente espiritual el azul, dueño de la profundidad cósmica, ofrece una poderosa energía para favorecer los aspectos más trascendentes y filosóficos: las cuestiones religiosas o ideológicas, el temor a la muerte, la creatividad literaria y artística, la inspiración mística, la relación con fuerzas extrañas o desconocidas, la recreación de vidas anteriores, el miedo al vacío del universo, la búsqueda del sentido de la vida, los contactos ultraterrenos y los poderes extrasensoriales.

Resulta obvio que toda bruja consciente de sus dones, pero también de sus límites, ha de tratar estos asuntos con infinita prudencia y solo cuando posee la suficiente experiencia en el manejo de las energías y vibraciones para dominar hechizos menos trascendentes.

Verde: Incluimos aquí este excepcional color para completar el espectro, y remitimos a la aprendiz de bruja al apartado especial que le hemos dedicado antes (página 35). Lo mismo vale para el blanco y el negro, cuyas respectivas virtudes y defectos también se han explicado.

Otros colores energéticos: Las combinaciones cromáticas producen una infinita gama de colores complementarios, algunos de ellos dotados también de considerable energía cósmica. Entre estos podemos destacar los siguientes: el **marrón**, color de la tierra y muy presente en la naturaleza, que favorece la conservación y la permanencia; el amplio abanico de **grises**, que en sus tonos más claros pueden favorecer la superación del miedo y las depresiones; el **turquesa** (azul y verde), que ayuda a dominar los nervios y a desenvolverse en público, y finalmente, entre otros, el **magenta** (rojo y violeta), que refuerza el naranja en cuestiones que requieren vitalidad y buen ánimo, así como potencia la fuerza del azul en asuntos mentales y de conocimiento interior.

EL PODER MÁGICO DE LAS VELAS

Las velas son el instrumento básico y fundamental para la realización de los hechizos, y la bruja moderna debe conocer sus poderes y las diversas formas de disponerlas y utilizarlas. Presente en los altares de casi todas las religiones y en innumerables rituales y ceremonias desde la más remota antigüedad, el poder de las velas atrae las fuerzas telúricas de la Tierra, concentra las energías del fuego y convoca las vibraciones del aire, tanto las que están en el entorno inmediato como las que provienen del espacio astral. Una o más velas encendidas son la condición indispensable para la realización de cualquier hechizo, cuyos resultados dependerán de su color, tamaño, cantidad y ubicación en relación con la oficiante y con los demás instrumentos utilizados.

OBTENCIÓN Y PREPARACIÓN DE LAS VELAS

La magia actual ya no utiliza aquellos grandes velones de cirial que aún pueden verse en las iglesias o en los funerales, y que los antiguos hechiceros solían usar para sus encantamientos. La bruja moderna solo debe disponer de velas de tamaño normal (aproximadamente un palmo de altura), que pueden obtenerse en tiendas de decoración, de regalo o de artículos litúrgicos. Es conveniente proveerse de velas de diversos colores, sin olvidar el omnipotente blanco, y prepararlas y guardarlas según te explico más adelante.

Salvo algún hechizo muy especial que requiera velas de tipo pebetero (derretidas previamente en un vaso o cazuela), se han de utilizar las velas comunes, de forma cilíndrica, a veces afinada en el extremo que lleva la mecha. Conviene disponer de candeleros individuales (no candelabros múltiples) para asentar cada vela, aunque también sirven para ese fin los platillos de café, siempre que no vuelvan a utilizarse como vajilla. En cualquier caso, el soporte de la vela ha de ser de loza, barro o cerámica, nunca de metal, que tiene sus propias vibraciones, ni, por supuesto, de plástico (aquí debemos señalar una regla general: nunca se debe utilizar en los hechizos materiales sintéticos, sino naturales, cuyas energías no han sido manipuladas por procesos industriales).

La vela es el instrumento que condensa los poderes de la propia bruja moderna en el momento de realizar el hechizo, transmitiendo y orientando sus vibraciones. Es por tanto un elemento muy personal, que debe impregnarse adecuadamente de las energías mentales y vitales de la oficiante. Para favorecer esta impregnación se efectúa un sencillo ritual que consiste en untar la vela con aceite de oliva, utilizando los dedos de ambas manos, primero de abajo arriba y luego a la inversa. En este rito de impregnación la bruja ha de procurar mantener la mayor concentración, que puede reforzarse con algún conjuro sencillo, como por ejemplo: «A esta vela transmito mis poderes y energías, que utilizaré para el bien, la paz y la felicidad. Que así sea, y así será». La invocación puede variarse, según la inspiración de cada una y la facilidad para memorizarla y expresarla. Esta operación debe realizarse al adquirir la vela, que luego se guardará envuelta en un paño de tejido natural (algodón, hilo, lana, etc.). Es muy recomendable repetir la impregnación energética antes de utilizar cada vela.

RECETA PARA FABRICAR VELAS

En principio cualquier vela de uso litúrgico o decorativo, convenientemente preparada y utilizada, sirve para regir todo tipo de hechizos. Pero algunos puristas de la magia moderna recomiendan que sea la propia bruja quien fabrique las velas que va a utilizar. Es indudable que la manipulación de los elementos que componen la vela facilita y aumenta la transmisión de energías, pero personalmente creo que es un tanto laboriosa y prefiero comprarlas ya hechas y esmerarme en los rituales de impregnación. Quizá porque soy un poco patosa, y mis ensayos de fabricar velas no resultaron muy felices.

Para quien sea una bruja «manitas» y con aptitudes y paciencia para la labor, reproducimos a continuación la receta que da la conocida bruja de Salem (Massachusetts) Gerina Dunwich:

Elementos necesarios
- Cordel para las mechas.
- Arandelas para sujetarlas (circulares, con cortes en forma de estrella).
- Moldes cilíndricos o cónicos resistentes al fuego.

- Alambre delgado para sostener la mecha en el molde.
- Parafina.
- Cera virgen.
- Hervidor doble para derretir la cera.

Todos estos elementos pueden encontrarse en las cererías y tiendas de bricolaje. Hay no obstante algunos trucos caseros que pueden reemplazarlos. Por ejemplo, los envases vacíos de plástico o de cartón encerado, los vasos de papel y los cilindros de cartón del papel higiénico pueden servir perfectamente como moldes de las velas (escogiendo el tamaño y la forma adecuados), y el hervidor doble puede reemplazarse por una olla ancha dentro de una sartén de mayor diámetro. Si no tenemos a mano el alambre delgado, basta con pelar un cable eléctrico, quitándole la cobertura de plástico.

Procedimiento

1. Cortar la mecha según la longitud del molde de la vela, dejando dos centímetros más en el extremo superior para que asome el pabilo.
2. Pasar la mecha por entre los cortes de la arandela y doblar las puntas en forma de estrella para sujetarla.
3. Colocar la mecha verticalmente dentro del molde, sosteniéndola con una lazada sobre el alambre, que se habrá fijado previamente en la parte superior del molde, de lado a lado.
4. Calentar agua en el recipiente inferior del hervidor, hasta que llegue a ebullición.
5. Cortar la parafina en trozos pequeños y echarlos en el recipiente superior; agregar una cantidad igual de cera virgen (nunca pongas la cera en el agua hirviendo, ni directamente al fuego).
6. Dejar a fuego lento para derretir la cera y la parafina. Cuando se hayan fundido por completo, verter lentamente la mezcla resultante en el molde de la vela, cuidando de rellenar bien toda su cavidad.

7. Comprobar que la cera se ha enfriado y endurecido totalmente y retirarla con cuidado del molde.

Si se desea colorear las velas, un método simple es fundir la mina de un lápiz de cera de color y mezclarla con la parafina (también suelen utilizarse anilinas de tintorería, pero pueden dificultar la combustión o perjudicar el aroma). Para aromatizar las velas, agregar a la cera fundida unas cuantas gotas del aceite vegetal o de la esencia aromática que sea más favorable al hechizo que se va a realizar.

CANTIDAD Y DISPOSICIÓN DE LAS VELAS

Normalmente, la mayor parte de los hechizos requieren una sola vela, colocada en el centro de los otros elementos, o en posición adelantada si el centro lo ocupa un amuleto u objeto personal. En algunos asuntos vinculados a las relaciones interpersonales, o en hechizos que requieren la combinación de diversos canales energéticos, puede ser necesario disponer de más fuentes de vibración. En esos casos, o en cualesquiera otros en que decidamos utilizar más de una vela, el número de estas ha de ser siempre impar y nunca superior a, excepcionalmente, siete. Lo habitual es trabajar con los tres números mágicos más bajos: una, tres o cinco velas. Deben evitarse los números pares, y muy especialmente nunca han de usarse dos velas, que se opondrían y anularían entre sí.

Si se utilizan tres velas, tienen que disponerse en triángulo, con el vértice delante, para equilibrar y armonizar sus energías, o en hilera de cara a la oficiante cuando queremos que se refuercen entre sí. Los hechizos con cinco velas son bastante inusuales y complicados y requieren una cierta experiencia y un buen poder de concentración. Las velas se disponen en círculo, o también formando un cuadrado con una principal en el centro. El uso de siete velas se reserva para hechizos mayores, ejecutados o controlados por brujas experimentadas y con pleno dominio de sus dones. No es por tanto aconsejable a la aprendiz de bruja, que por otra parte raramente necesitará entrar en los asuntos y situaciones que presentan este nivel de dificultad.

LAS VELAS Y LOS COLORES

El cuerpo de las velas es el instrumento fundamental y más eficaz para canalizar las energías cromáticas y las vibraciones positivas de los colores, cuyas propiedades específicas se expusieron en el apartado anterior. Por tanto ha de ser la vela (o las velas) la que imponga el color que deseamos que sea dominante en cada hechizo, dejando a los otros elementos el cromatismo complementario o equilibrador.

Es importante que cada vela esté teñida uniformemente de un solo color y en una misma tonalidad, sin rayas, anillos o difuminaciones de tonos que alteren su cromatismo básico. Tampoco es recomendable que la superficie esté «decorada» con relieves, hilos de plata u otros adornos, que solo sirven para interferir en su energía. Si se utilizan tres o más velas, lo más apropiado es que sean de idéntico color o de colores muy afines, siempre del mismo orden de temperaturas (cálidos o fríos).

Conviene disponer al menos de velas de los colores primarios: rojo, amarillo y azul, junto con las imprescindibles velas blancas y las de un verde vegetal, ni muy oscuro ni muy claro. Como ya he explicado, el blanco y el verde son polivalentes y pueden sustituir, reforzar o equilibrar cualquier otro color. Si por ejemplo no disponemos de una vela violeta, se puede reemplazar por una blanca o verde hoja y disponer a su alrededor, cerca de la base, un trozo de tela violeta o, mejor aún, un círculo de flores de ese color.

El cromatismo de las velas debe utilizarse con prudencia y en forma progresiva, probando hasta conocer la respuesta de cada color a las vibraciones de la ejecutante. Nuestro consejo es que se realicen los primeros hechizos con una vela blanca, experimentando con los colores en los elementos complementarios, y poco a poco ir probando con velas de aquellos que nos hayan resultado más eficaces.

CÓMO UTILIZAR LAS VELAS

Una vez que se han dispuesto todos los elementos del hechizo, la vela, previamente impregnada, se situará en el lugar preferente. El acto de encenderla indica el momento en que se inicia la canalización y transferencia de vibraciones, creando el ambiente apropiado para comenzar a realizar el hechizo. La mecha debe estar limpia y vertical, y tiene que encenderse siempre con una cerilla de madera, que es una materia más noble y quema mejor que las de cera (desde luego, no deben utilizarse encendedores).

La regla general indica que cada vela ha de usarse para un solo hechizo y que debe arder por completo sin moverla, aun después de finalizado el ritual. Si por cualquier razón no es posible dejar la vela encendida para que se consuma, es necesario apagarla y evitar que siga despidiendo humo (pues este enturbiaría el ambiente y debilitaría las energías emitidas). Una forma sencilla y eficaz de hacerlo es humedecer los dedos pulgar e índice de la mano derecha con un poco de agua aromatizada y apagar con ellos la llama, sin miedo, pues se apagará inmediatamente sin despedir humo. Por el contrario, no es aconsejable soplar sobre la llama, pues el aliento y el humo trastocarían las vibraciones que aún están actuando en el entorno del hechizo.

Una vez apagada la vela, ya sea por haberse consumido o por necesidad de retirarla, es conveniente envolver el cabo y toda la cera derretida en un papel de aluminio y guardarlos en un sitio aparte durante dos o tres días, para que se consuma la energía sobrante. En ningún caso debe dejarse expuesta al aire, ni junto a otras velas o instrumentos de magia.

Si durante el hechizo o después de este la vela se apagara de forma accidental, no debe volverse a encender. La canalización de vibraciones se ha cortado, y es necesario comenzar de nuevo con una vela sin estrenar. Antes se debe humedecer el pabilo de la vela apagada para que no emita humo, y proceder con ella como se ha indicado en el párrafo anterior para las velas usadas.

LA FUERZA POSITIVA DE LOS MINERALES

La materia inorgánica permanece inalterable durante milenios en el seno de la Tierra y no está sujeta a los ciclos biológicos que afectan a los seres vivos. Esta impasibilidad, casi eterna, le permite acumular y conservar una gran cantidad de energía cósmica que, convenientemente utilizada, puede reforzar numerosos hechizos. Determinados minerales y gemas se han empleado desde muy antiguo en la magia, y es conveniente que la bruja moderna conozca sus poderes y la forma de utilizarlos.

En este tema debemos volver sobre lo ya dicho respecto a los instrumentos sencillos y cotidianos. Si recogemos un mineral tal cual se encuentra en la naturaleza, resultará muy difícil penetrar en él para extraer y canalizar su energía. Es por tanto mucho más aconsejable usar un objeto o una sortija elaborados con el metal escogido, cuyas vibraciones ya tendrán una «frecuentación» de las vibraciones humanas y de la vida cotidiana.

Es preferible que el objeto metálico sea relativamente pequeño y de confección simple, como un clavo de hierro, una alianza de oro o una pulsera de plata. Cuanto más elaborado sea el trabajo de herrería u orfebrería, más manipulaciones y agresiones habrá sufrido el metal básico, y más se habrán alterado y debilitado sus energías. Lo mismo vale para las gemas o piedras preciosas: es mejor que no formen parte de una alhaja complicada que mezcle otras piedras o distintos metales.

LA ENERGÍA POSITIVA DE LOS METALES

Por su naturaleza geológica, los metales en general tienden a la conservación, la preservación y la consolidación, favoreciendo todos los asuntos que tiendan a retener y profundizar sentimientos o actitudes positivas. Su fuerza sólida y serena garantiza la permanencia de los resultados del hechizo y da empuje complementario a las vibraciones de los otros instrumentos mágicos.

La geología registra un gran número de minerales presentes en la corteza terrestre, todos ellos con sus particulares energías y vibraciones. Los más poderosos, que se emplean habitualmente en diversos hechizos, son el oro, la plata, el hierro y el cobre, metales que ya utilizaban los alquimistas y los magos medievales por su reconocida fuerza cósmica. Estos metales poseen determinadas propiedades energéticas, que la bruja moderna puede canalizar complementando la fuerza de los otros instrumentos mágicos. A continuación reseñamos brevemente las principales cualidades de cada uno:

El oro: Se lo llama el rey de los metales, y desde siempre ha representado el poder y la riqueza material. Su influencia se extiende a todos los asuntos relacionados con el dinero y el éxito económico, aunque por extensión beneficia también cualquier tipo de hechizo destinado a triunfar o destacar en distintas actividades o situaciones. Si hay oro, no debe haber otro elemento amarillo, pero se complementa muy bien con el rojo, el rosa y el naranja. Como ya se ha dicho, conviene hacerlo presente por medio de una alianza o una sortija sencilla, y actúa mejor cuando el hechizo está presidido por una vela blanca.

La plata: Este metal femenino vendría a ser la reina del mundo mineral. Más dúctil que el oro, su particular brillo lunar simboliza la inteligencia emocional, el equilibrio interno y la sabiduría. Sus poderes favorecen los temas vinculados al amor y a los sentimientos en general, las relaciones y el éxito en sociedad, los estudios y las actividades intelectuales y artísticas. Para hacerlo presente en un hechizo deben evitarse los objetos de plata muy trabajados y repujados; se optará por elementos más simples, como una esclava o incluso una cucharilla de ese metal. La plata complementa las vibraciones de los colores fríos y se entiende muy bien con el índigo.

La vela que presida un hechizo con presencia de plata debe ser blanca o azul celeste.

El hierro: Es el metal de la fuerza por excelencia, cuya solidez solo puede ser doblegada por el fuego. Representa la energía en reposo, la seguridad, la protección y el esfuerzo constante. La influencia de sus vibraciones beneficia los asuntos que requieren una gran constancia y tenacidad, los que buscan consolidar una relación o situación y, en general, aquellos hechizos dirigidos a prevenir riesgos o a evitar agresiones de cualquier tipo. La energía protectora y fortalecedora de este metal debe también mdiatizarse por un objeto de uso común (un clavo, un trozo de alambre, una arandela, etc.), a ser posible con muestras de herrumbre u orín, que nos aseguren que es verdaderamente de hierro. Su fortaleza y su consistencia permiten al hierro asociarse tanto con los colores cálidos como con los fríos, según el objetivo del hechizo, aunque su complemento ideal es el verde. Es recomendable que un hechizo con presencia del hierro sea presidido por una vela naranja (o blanca, con entorno naranja).

El cobre: Es el gran canalizador de las energías cósmicas y a la vez un excelente receptor de ondas y vibraciones. Se sabe que conduce y transmite la electricidad, y que desde las civilizaciones y culturas más antiguas ha sido utilizado como recipiente. El cobre representa a la vez la agilidad etérea y la solidez terrena, por lo que su influencia es muy amplia pero siempre complementaria. Favorece en especial los temas que exigen una rápida y acertada orientación de actitudes o una conservación segura pero flexible al cambio. La forma más fácil de hacer presente el cobre en un hechizo es por medio de los hilos o alambres de ese metal, que pueden extraerse de cualquier cable eléctrico, colocados preferentemente en el extremo posterior del conjunto de elementos.

Otros metales y minerales: Además de estos cuatro metales básicos, algunas brujas emplean a veces el bronce, una aleación de cobre y estaño que favorece la relación con el propio organismo y los problemas de estética corporal, aparte de las influencias comunes a todos los metales. De ellas participa también el aluminio, un metal ligero, maleable e inoxidable, al que se atribuyen virtudes protectoras de la salud. Este elemento, por su disponibilidad en casi todas las cocinas (papel de aluminio), suele utilizarse en general para registrar una «presencia» metálica en cualquier hechizo. Basta con colocar un pequeño trozo de ese material debajo del candelero de la vela o del papel en el que se escribe la finalidad del hechizo. Finalmente, y ya que hablamos de elementos disponibles en cualquier cocina, hay también quien utiliza un mineral muy común, la sal, para dar un toque de vivacidad y alegría a los resultados de ciertos hechizos.

LOS DESTELLOS ENERGÉTICOS DE LAS GEMAS

Las gemas o piedras preciosas son fruto de la cristalización o la amalgama de ciertos minerales a lo largo de un proceso milenario. Durante esta transformación acumulan una gran carga energética de la propia Tierra, lo que las hace especialmente aptas como «antenas» para captar las energías del ambiente y excelentes canales para orientar las vibraciones positivas.

Actualmente la industria de la joyería emplea dos recursos para producir gemas artificiales: reproducir en laboratorio las condiciones y el proceso que dieron lugar a las piedras preciosas naturales o imitar con otros materiales las características físicas de las distintas gemas. En este último caso más que de joyas artificiales deberíamos hablar de falsas joyas, de vibraciones débiles o confusas.

Conviene asegurarse por tanto de que la piedra que vamos a utilizar sea de origen natural, o por lo menos fabricada con los mismos elementos y procesos originales que las gemas auténticas. Veamos ahora las principales propiedades energéticas de las piedras preciosas más utilizadas por la magia:

El cuarzo, tanto en su versión rosa como blanca, es la gema más energética y sus poderosas vibraciones son polivalentes con relación a las finalidades de los hechizos. La bruja moderna debería disponer siempre de una piedra de cuarzo entre los elementos que utiliza, a fin de crear un entorno favorable a la atracción de energías y a sus intercambios y desplazamientos.

La amatista posee prácticamente las mismas cualidades, ya que se trata de cuarzo cristalizado transparente. Quizá no tiene tanta fuerza como el cuarzo blanco o rosa, pero a cambio muestra una mayor sensibilidad. La de tonalidades violetas favorece asuntos delicados y sentimentales, mientras que la de reflejos rojizos —más valiosa y difícil de encontrar— es una importante ayuda en hechizos con finalidades pasionales o de gran esfuerzo.

El lapislázuli es otra gema muy utilizada en brujería, ya que sus poderosas vibraciones crean ámbitos energéticos muy favorables a los asuntos amorosos y de relaciones y comunicación en general. Su color azul intenso y su solidez lo hacen también favorable en los temas mentales e intelectuales o de estudio.

El topacio es en principio una piedra protectora, muy poderosa para alejar las energías negativas. Se emplea para prevenir accidentes en viajes o en actividades que supongan algún riesgo, y también para proteger casas u otros edificios y favorecer los embarazos y los partos.

La turquesa era la piedra sagrada de los aztecas, y varios pueblos del Próximo Oriente le atribuyen propiedades mágicas. Su presencia es buena para ayudar en cualquier tipo de hechizos, en especial aquellos que requieren de la ejecutante un «toque» de auténtica bruja moderna.

El zafiro suele ser una gema de vibraciones ambivalentes, por lo que ha sido utilizada desde antiguo como piedra talismán. Muchas brujas la llevan siempre en contacto con su cuerpo (engarzada en una alhaja), ya que ese contacto continuo domina con relativa facilidad su ambivalencia, liberando sus fuertes vibraciones positivas. Estas son especialmente poderosas para los hechizos en los que entra en juego el azar y la buena fortuna en general.

LAS VIBRACIONES DE HIERBAS Y FLORES

El poder energético y curativo de las hierbas representa uno de los más antiguos recursos de la sabiduría natural. No ha existido prácticamente ninguna cultura o civilización que no haya estudiado y utilizado la notable energía que ofrecen muchas variedades del mundo vegetal, y aún hoy la herbología es una disciplina reconocida, tanto a nivel popular como en la fitoterapia y las medicinas alternativas.

La fuerza de la mayor parte de las hierbas reside en sus propiedades medicinales. Se suelen administrar en forma de tisanas, y en menor grado por inhalación, para tratar los más diversos malestares físicos y psíquicos. La curación por las hierbas es una rama muy específica y también muy amplia de la sabiduría ancestral, que excede el ámbito de este libro. La brujería actual, tal como la entendemos aquí, se limita a los hechizos que orientan energías y vibraciones, sin entrar en la elaboración de las medicinas naturales y su aplicación. No obstante, la bruja moderna debe contar con una cierta cantidad de hierbas, la mayoría de uso casero, para reforzar y ambientar determinados hechizos.

LAS HIERBAS EN LOS HECHIZOS

Generalmente se utilizan las hojas o pequeñas ramas, puestas previamente a secar. Las sutiles vibraciones de las hierbas participan a menudo en el hechizo con su sola presencia (si son ramitas o tallos, atados con hilo de lana; si son hojas sueltas, combinadas con las flores escogidas). En algunos casos, es necesario quemar la hierba seca, ya sea a la llama de la vela o sobre un sahumerio o un platillo de loza. También pueden emplearse los palitos de incienso aromatizados con distintas hierbas que se venden en herbolarios y tiendas naturistas. El humo de la combustión perfuma favorablemente el ambiente y lo enriquece con las vibraciones propias de cada hierba. Veamos las propiedades básicas de algunas de ellas:

Laurel: Para asuntos relacionados con el éxito, especialmente en exámenes u otras pruebas que suponen competencia. También para obtener el reconocimiento y la consideración de los demás.

En general, como ocurre en su uso culinario, la presencia de unas hojas de laurel refuerza y resalta las vibraciones de todo tipo de hechizos.

Menta: Ofrece una notable fuerza complementaria en los hechizos dirigidos a prevenir o ahuyentar las vibraciones negativas y a favorecer las relaciones personales, el sosiego y la serenidad espiritual. En infusión es buena para la digestión y las neuralgias.

Eucalipto: Ayuda a sobrellevar y superar las dificultades, y es útil en los hechizos que buscan alcanzar mayor dominio de uno mismo o liberarse de malas influencias.

Hinojo: Una ramita de esta hierba, colocada a la izquierda de la vela que rige el hechizo, favorece los asuntos vinculados a la necesidad de expresar sentimientos, así como de utilizar adecuadamente la experiencia y los conocimientos o actuar en público.

Canela: Esta popular especia es uno de los complementos más apropiados para los hechizos que se relacionan con la pasión y la atracción amorosa, además de en todos los asuntos que tienen que ver con los sentimientos. Es más eficaz en rama, pero puede también emplearse en polvo.

Espliego: Llamada «lavanda» en perfumería, esta conocida hierba es de las más utilizadas en palitos o sahumerios aromáticos. Su humo tenue y perfumado crea un ámbito muy favorable para hechizos relacionados con la salud en general, el equilibrio y la sensatez, alejando las vibraciones que producen nerviosismo, crispación y dolores musculares. Por otra parte, el agua de lavanda ofrece un aroma ambiental apropiado para cualquier tipo de hechizo.

Mejorana: Un pequeño ramo de esta hierba, con hojas y flores, colocado a la derecha de la vela principal, es de gran ayuda en los hechizos que buscan superar las preocupaciones excesivas, la angustia y las persecuciones paranoicas o hipocondríacas.

Romero: Esta modesta hierba emite vibraciones muy beneficiosas para superar la depresión producida por acciones o actitudes de terceros, revertir situaciones angustiantes y hallar rumbos positivos hacia nuevas relaciones o actividades. Actúa por presencia o también por combustión de unas ramitas secas, y debe colocarse siempre al fondo del ámbito del hechizo.

Trébol: En la sabiduría popular el trébol de **cuatro hojas** es la hierba de la suerte por excelencia. Muchos dudan de su existencia pero yo he visto por lo menos dos, tan naturales como auténticos. La bruja que tenga la fortuna de hacerse con uno de estos raros ejemplares debe secarlo por el procedimiento que se indica más adelante y utilizarlo como importante refuerzo en todos sus hechizos, en especial, aquellos en los que el azar pueda tener una intervención decisiva.

Los tréboles de tres hojas no tienen ninguna propiedad especial desde el punto de vista de la magia moderna.

Existen otras muchas hierbas y plantas con diversas propiedades energéticas, como la purificadora **verbena**, la romántica **ajedrea**, la poderosa **ruda** o el polivalente **olivo**. (La bruja moderna que desee profundizar en su conocimiento o especializarse en sus virtudes curativas puede recurrir a las obras específicas sobre el tema).

LA MAGIA DE LAS FLORES

Casi todos los hechizos se benefician de la presencia de las flores entre los instrumentos empleados para concentrar las energías favorables a su finalidad. En la práctica, una flor y una vela del color adecuado suelen ser suficientes para ejecutar con éxito un hechizo, si la bruja moderna pronuncia el conjuro con concentración y fuerza interior. Los otros elementos que hemos mencionado en este capítulo se emplean en realidad para complementar, reforzar y a veces orientar mejor esa mágica combinación de vibraciones que producen la bruja, la vela y la flor.

La reina y madre de todas las flores mágicas es la **rosa**. De hecho, una rosa de esa misma tonalidad (o varias, dispuestas en círculo alrededor de la vela) es suficiente como elemento floral de la mayor parte de los hechizos primarios o menores que se utilizan en la magia cotidiana. O también, si se desea realizar sus efectos o intentar adentrarse en un hechizo mayor (los que deben vencer fuerzas negativas poderosas), conviene formar una corona completa o utilizar la fuerza de los colores de la gama que presenta esta flor (rojo, magenta, amarillo, blanco, etc.). La rosa puede emplearse entera, quitándole por completo el tallo espinoso, o arrancando los pétalos y distribuyéndolos para el hechizo, generalmente alrededor de la vela. Existen de todas formas otras flores, de venta habitual en las floristerías, que poseen propiedades específicas y pueden emplearse solas o combinadas con una rosa regente. Por ejemplo:

Clavel: Favorece todos los asuntos relacionados con niños y jóvenes, así como los problemas cuya solución exige flexibilidad de ánimo y agilidad mental. El clavel blanco es indicado para los temas de estudio e intelectuales o espirituales, mientras que el rojo enriquece las pasiones y el rosa los sentimientos.

Azahar: La pequeña flor del naranjo está tradicionalmente ligada a las bodas y a la felicidad de una nueva pareja. La magia moderna la utiliza principalmente en ese mismo sentido, combinándola con rosas rojas. Pero combinada con rosas rojas es también un fuerte tonificante corporal e intelectual, así como inductor del deseo, el vigor y el placer en el plano sexual.

Margarita: Una de las flores más comunes en cualquier jardín y más fáciles de encontrar en las floristerías, suele emplearse para reforzar los hechizos preventivos y protectores ante nuevas relaciones afectivas o situaciones personales de cambio. Conviene utilizar varias margaritas o, si es solo una, acompañarla de una rosa del mismo color, ya que le cuesta emitir sus vibraciones en solitario.

Violeta: Símbolo de humildad y sencillez, la violeta tiene sin embargo una considerable fuerza para ayudar a vencer la adversidad y encontrar el equilibrio en la relación consigo mismo. Es recomendable utilizarla junto a una rosa blanca.

CÓMO SECAR LAS HIERBAS Y FLORES

Como ya hemos señalado, las hierbas deben guardarse y utilizarse secas, en especial aquellas que han de incinerarse durante el hechizo. Lo apropiado, si se tiene un poco de tiempo y espacio, es recogerlas o adquirirlas verdes y secarlas personalmente para que guarden nuestras energías particulares. En cuanto a las flores, es mejor emplearlas frescas y naturales, y salpicar los pétalos con un poco de agua para favorecer sus vibraciones. No obstante, si por cualquier razón no es posible disponer de ellas, pueden también utilizarse secas, ya sea enteras o solo los pétalos.

Veamos ahora el proceso necesario para secar hierbas y flores, según lo que se aconseja en las obras especializadas. Es recomendable recoger o comprar las hierbas o los ramos en las primeras

horas de la mañana. Si el tiempo lo permite, hay que dejarlas expuestas al sol durante unas horas para obtener una primera evaporación. Luego se colocan sobre una mesa, o directamente en el suelo, en una habitación ventilada y seca, sin temperaturas extremas (lo ideal es entre 15 y 20 °C). Lo mejor es que descansen sobre una rejilla de madera o de mimbre, que puede ser una canasta invertida o la tapa de un cesto casero. Si no se tiene a mano este tipo de base, pueden también dejarse sobre un papel o cartón limpio y lo más poroso posible, para que absorba la humedad.

El proceso de secado debe ser rápido para evitar la fermentación o putrefacción de la materia orgánica vegetal. Para acelerar ese proceso pueden utilizarse dos recursos, según el clima reinante. En época de calor, un ventilador colocado a una distancia prudente acelera la circulación del aire, provocando que la humedad de las plantas pase a este. En época de frío, una estufa cumple más o menos la misma función, ya que al secar el aire provoca una rápida deshidratación de las hierbas y flores. Estas últimas, si son grandes, pueden deshojarse en pétalos para facilitar su secado. Dado que debe dedicarse un cierto espacio y tiempo a este proceso, conviene aprovecharlos para secar varias especies a la vez.

Si se trata de flores pequeñas, pétalos de rosa o unas briznas de hierba en poca cantidad, quizá lo más práctico sea el viejo y romántico método de colocarlos entre las hojas de un libro, protegidos por un papel opaco que no lleve dibujos ni tinta de imprenta. Luego se pone el libro cerrado debajo de otros volúmenes o bien apretado entre ellos en su estante de la librería, y al poco tiempo la materia vegetal aparecerá seca y entera.

Las hierbas secas, y en especial las flores y los pétalos, han de manipularse con cuidado para que no se quiebren o desarmen a causa de su fragilidad. Como las velas y otros elementos de los hechizos, solo pueden utilizarse una sola vez.

III

La bruja moderna en acción

Ha llegado el momento en que la bruja moderna ponga en acción los instrumentos básicos que hemos tratado hasta aquí: colores, velas, metales, hierbas, flores... Pero, sobre todo, su propia energía y su capacidad personal para atraer y concentrar las vibraciones de la energía universal. Este es el secreto último para el éxito de cualquier hechizo. Los instrumentos actúan a través de ti, y tú por medio de ellos. Has de ser tú la bruja, y no la vela ni la rosa, que son simples medios para ayudarte a dominar las vibraciones apropiadas.

Por ello, para ejecutar bien un hechizo debes poner tu mente y tu cuerpo en la disposición más idónea para realizarlo con éxito. No se trata de que te transformes en otra persona, sino por el contrario, que seas plenamente tú misma. Es decir, con toda tu fuerza, tu serenidad, tu concentración, tu poder astral, pues formas parte de la energía del universo y debes llegar a moverte en ella con naturalidad, pero bien preparada y equipada.

En este capítulo damos unos consejos generales para la preparación personal de la bruja moderna y explicamos algunas técnicas básicas para ayudar a que la mente y el cuerpo se encuentren en buena disposición en el momento de realizar el hechizo. Son técnicas benéficas y de fácil ejecución en cualquier momento y lugar, hasta el punto de que personalmente te recomiendo que las lleves a la práctica con asiduidad, aunque no vayas a preparar un hechizo.

Pero no se debe olvidar que cada una de nosotras es un ejemplar único y distinto en la armonía del universo. Las técnicas y consejos generales han de pasar siempre por el tamiz de la propia experiencia. Hemos de ensayarlas y evaluarlas, buscando las más afines y eficaces en relación con nuestra personalidad y con los distintos momentos de nuestra vida y nuestro talante. Lo principal debe ser, siempre, utilizar la intuición, la imaginación y la libertad personal. Una bruja rígida, dependiente e insegura no será nunca una buena bruja moderna.

RELAJACIÓN Y CONCENTRACIÓN

Estas dos palabras sintetizan las condiciones indispensables para poder realizar un hechizo (y para cualquier situación que requiera el empleo adecuado de nuestras energías). Aparentemente son estados opuestos, e incluso contradictorios, ya que la relajación supone lasitud y la concentración, esfuerzo. En realidad se trata de dos estados complementarios, que interactúan entre sí influyendo a la vez en el cuerpo y la mente. La concentración puntual ayuda a relajar poco a poco el cuerpo, y la relajación de este libera la mente para alcanzar un estado de concentración plena. Los practicantes de yoga son maestros en este trabajo sobre sí mismos, pero no necesitaremos llegar a su nivel para poder beneficiarnos con las técnicas psicofísicas.

LA RESPIRACIÓN PROFUNDA

El ejercicio inicial y básico, utilizado como norma por actores, cantantes, deportistas, bailarines y otros profesionales que necesitan a la vez relajarse y concentrarse, es el de la respiración profunda, también llamada «diafragmática». Normalmente respiramos llevando aire a los pulmones y expulsándolo para volver a inspirar. Por lo general nos basta con una parte de la capacidad pulmonar para realizar inconscientemente ese intercambio. Si nos agitamos o nos excitamos, el ritmo respiratorio se acelera, los pulmones no dan abasto, utilizamos la boca para recibir más aire y el corazón apresura sus palpitaciones.

La técnica de la respiración profunda consiste en aprender a utilizar voluntaria y conscientemente la cavidad abdominal para inspirar más aire, y de esa forma oxigenar mejor nuestro organismo. El aire ocupa primero el estómago, presionando el diafragma hacia abajo y hacia los lados, y luego llena los pulmones, iniciando el intercambio de oxígeno y carbono; a continuación sube a los pulmones la reserva acumulada en el abdomen, que ofrece un volumen supletorio de oxígeno y arrastra los restos de anhídrido carbónico.

Dicho así parece un tanto complicado, pero en la práctica es un ejercicio sencillo que solo exige un poco de voluntad y un mínimo de concentración inicial.

Ejecución: Lo ideal es realizar este ejercicio tendidos en la cama, en un sofá amplio o directamente en el suelo. Pero también puede ejecutarse sentado o incluso de pie. Lo importante es que el cuerpo este cómodo y la mente dispuesta.

Se debe empezar inspirando por la nariz y concentrándose en enviar el aire hacia el abdomen, sintiendo que este se hincha y se expande hacia abajo y a los lados. Acto seguido y sin espirar, se llenan los pulmones hasta notar que se expande el pecho, forzando un poco las costillas y el esternón.

Cuando se obtiene la plenitud de aire, se retiene un instante la respiración y luego se espira lentamente a través de los labios. Debe repetirse varias veces el ejercicio hasta «notar» la plena oxigenación de los músculos y del cerebro. Esa plenitud favorece los siguientes ejercicios para lograr la relajación y la concentración.

LA RELAJACIÓN CORPORAL

Los problemas cotidianos, la irritación o el cansancio producen una tensión excesiva de nuestro cuerpo, tanto en los músculos y tendones como en los órganos internos. Esta tensión o estrés es la causa principal de los conocidos dolores de espalda o de cuello, y también de muchas cefaleas y molestias gastrointestinales.

A la hora de realizar un hechizo, resulta prácticamente imposible que un cuerpo atenazado por el estrés pueda emitir vibraciones positivas o que una mente embarullada de problemas consiga abrirse hacia la energía universal. Es imprescindible lograr previamente una relajación corporal que serene también nuestro mundo psíquico.

Para este fin existen diversas técnicas de distinto nivel de dificultad. Hay verdaderos especialistas que pasan varias horas explorando y trabajando cada rincón de su organismo, con resultados a menudo asombrosos. No es ese el caso de la bruja moderna, que solo busca una buena disposición para hacer un hechizo o para mejorar su vida cotidiana. Nos bastará con un ejercicio básico, que algunos llaman «exploración rápida», aunque esa rapidez puede matizarse según el tiempo y el ánimo de que se disponga.

Ejecución: Con el cuerpo tendido o sentado con comodidad, se busca un estado de relajación inicial, que suele obtenerse por medio de la respiración abdominal acompañada de una concentración general en uno mismo, despejando problemas externos. Luego, con los ojos cerrados, «se siente» cada parte del cuerpo, de abajo arriba y de fuera adentro: pies, piernas, caderas, bajo vientre, abdomen, pecho, manos, brazos, hombros, cuello, nuca, rostro, cráneo, cerebro, garganta, laringe, esófago, bronquios, pulmones, estómago, hígado, páncreas, intestinos.

Esta enumeración puede sintetizarse o expandirse según la situación y las condiciones de cada ejercicio. Lo importante es «visualizar» mentalmente cada parte (sin precisiones anatómicas) e intentar su manipulación o «masaje virtual», dirigiendo hacia ella vibraciones positivas y relajantes.

Este ejercicio es mucho más fácil de lo que parece a primera vista, y en pocos intentos se llega a un verdadero dominio de su ejecución, con resultados muy favorables.

LA CONCENTRACIÓN MENTAL

En realidad ya se ha utilizado el poder de la energía mental concentrada en los dos ejercicios anteriores. Ahora se trata de enfocarla exclusivamente en la propia mente. Aunque la mente no es una entidad física, la tradición de nuestra cultura la sitúa en el cerebro, dentro de la caja craneana, y en general, en la cabeza. La concentración mental, centrada en esta zona, es un instrumento imprescindible para la ejecución de un hechizo, y desde luego resulta muy útil para muchas otras situaciones y acciones de la vida cotidiana.

Es importante hacer una distinción entre los ejercicios previos de concentración –que, como su nombre indica, sirven para ejercitar, ensayar y preparar nuestro dominio interno de la mente– y lo que podríamos llamar «concentración dirigida» hacia una determinada finalidad. El objetivo de los ejercicios es dotarnos de una capacidad de concentración tanto instantánea como profunda, que nos permitirá usar con fuerza y habilidad nuestra mente a la hora de dirigir las energías y vibraciones que forman parte del hechizo.

Ejecución: Hay muchas técnicas que permiten ejercitar la concentración mental, algunas de carácter místico y otras con distintos niveles de profundidad y de dificultad. Expondremos una de las más sencillas y eficaces, que no implica creencias religiosas ni requiere posturas acrobáticas o ambientes especiales. El siguiente ejercicio puede realizarse en cualquier momento en que se disponga de unos minutos y en cualquier lugar tranquilo y más o menos silencioso, en el interior o al aire libre. La única condición prácticamente inexcusable es encontrarse solo mientras se lleva a cabo la ejercitación mental.

Se realiza previamente los ejercicios de respiración y relajación física que ya se han explicado. Luego, manteniendo la respiración profunda y los ojos cerrados, hay que concentrarse en el interior de la caja craneal, procurando alejar todos los pensamientos e imágenes que la «ocupan» y visualizarla como un ámbito vacío. Una habitación blanca y luminosa, sin puertas ni ventanas, absolutamente vacía.

Si alguna idea o imagen se introduce en ese vacío, se aleja con fuerza y se intenta de nuevo. Cuando se consiga mantener la habitación limpia durante un tiempo, se puede pasar a la segunda fase: la estancia blanca es ocupada poco a poco por una esfera luminosa, que se expande gradualmente hacia el infinito. La visualización de la esfera dura apenas unos segundos y culmina el ejercicio.

Es aconsejable no «salir» de golpe de la concentración, invadiendo la mente de preocupaciones o realizando movimientos bruscos. Se respira en profundidad y se deja que los pensamientos cotidianos regresen lentamente. Luego hay que incorporarse con suavidad y dar unos pasos o hacer algunos movimientos leves, hasta notar que el cuerpo y la mente han recuperado el «tono» habitual.

ARREGLO PERSONAL Y PREPARACIÓN DEL AMBIENTE

Las brujas modernas no se disfrazan con túnicas llenas de estrellas ni se ponen sombreros cónicos o zapatos de punta para ejecutar sus hechizos. Tampoco utilizan laboratorios con retortas humeantes, mesas de tres patas o cortinajes fúnebres. Como ya se ha indicado, toda esa parafernalia no tiene ningún sentido para la brujería astral y los conjuros energéticos. Más bien podría resultar incómoda y contraproducente, aparte de bastante ridícula.

Sin embargo, un arreglo personal adecuado y ciertas condiciones positivas del ambiente son, sin duda, puntos a favor a la hora de buscar los mejores resultados de los hechizos. Vaya por delante que estos pueden ejecutarse con la ropa habitual y en cualquier momento y lugar de la casa. Dicho esto, pasemos a algunas recomendaciones que ayudarán a quien quiera y pueda poner un mayor cuidado cuando se dispone a manipular energías y vibraciones.

LAS CONDICIONES CORPORALES

El cuerpo es el principal instrumento material de la mente. Un cuerpo sano, limpio, relajado y bien dispuesto canalizará mucho mejor las energías de la bruja moderna hacia el éxito de un hechizo, y es un factor favorable para la interrelación con las vibraciones del ambiente y de los elementos que se utilicen para canalizarlas. Las condiciones positivas del cuidado corporal pueden resumirse en dos aspectos: la higiene exterior y el equilibrio orgánico.

La higiene: La primera y casi única condición importante en el cuidado corporal es la higiene. No se trata de que haya que ducharse inmediatamente antes de ejecutar un hechizo, pero es importante que la piel, las manos y el cabello estén limpios. La limpieza exterior facilita el intercambio de vibraciones y favorece la nitidez del entorno.

La piel, el cabello y las uñas son los principales conductores de energía hacia el exterior, e intervienen también en su captación. Por eso es importante que estén libres de impurezas o de secreciones, como el sudor, que interfieran en ese intercambio. Hay que procurar no realizar un hechizo después de un esfuerzo físico violento o en horas de mucho calor, para evitar transpirar en exceso. Tampoco es recomendable ejecutarlo después de alguna tarea que pueda haber manchado las uñas o cuando se tiene el pelo mojado (la humedad, en general, es un agente imprevisible que puede acelerar las vibraciones o afectarlas de alguna otra manera).

El equilibrio orgánico: Cualquier alteración en el funcionamiento orgánico habitual emite vibraciones negativas, al tiempo que reclama el auxilio de las positivas. Estas actúan en cierta forma como «anticuerpos energéticos», que acuden a combatir cualquier factor de riesgo o desequilibrio funcional. Para efectuar un hechizo es conveniente disponer del mayor número de fuerzas positivas, y por ello no se recomienda ejecutarlos cuando se sufran desarreglos orgánicos. Por ejemplo, el resfriado, la fiebre, el estreñimiento y otros malestares funcionales o sintomáticos son situaciones que no favorecen la realización de hechizos, excepto aquellos dirigidos concretamente a superarlas. Lo mismo vale para las enfermedades infecciosas y cualquier desarreglo pasajero.

Los trastornos crónicos no graves (reumatismo, alergias, dispepsias, etc.) no suelen interferir en los hechizos, aunque no conviene efectuar ninguno en los momentos álgidos de sus manifestaciones. En cuanto a las enfermedades de diagnóstico grave o muy grave, habrá que dejarse de brujerías y ponerse en manos de la medicina. Las brujas no hacemos milagros.

Algunas brujas modernas, aunque no muchas, acostumbran a abstenerse de realizar hechizos durante el periodo menstrual. Otras aseguran que el mejor momento de integración cósmica es inmediatamente después de la regla. Personalmente, no he notado relación entre la menstruación y las vibraciones, por lo que pienso que cada una debe comprobar si en su caso se produce alguna influencia.

También tengo colegas que aseguran que el momento perfecto del equilibrio orgánico se produce después de una relación sexual satisfactoria. No opinaré sobre esto por respeto a mi propia intimidad, pero pienso que nada se pierde con probar...

UN AMBIENTE FAVORABLE

Si entendemos el ambiente como el lugar escogido para el hechizo y el entorno de la bruja moderna en el momento de realizarlo, es evidente que estamos tratando del campo en el cual jugarán su papel las energías y las vibraciones. Por ello, debe ponerse un poco de atención y dedicación a este tema, aunque siempre dentro de los límites que nos permitan las condiciones de convivencia, el espacio disponible, el tiempo que podemos dedicarle, etc.

La elección del lugar: Salvo excepciones muy especiales los hechizos no se realizan al aire libre, ya que es necesario disponer de una habitación que acote los campos energéticos. Esta puede ser cualquier estancia de la casa donde viva la propia bruja, en lo posible, la más aislada de ruidos, especialmente voces de terceros. Si se piensa efectuar hechizos con cierta continuidad, es recomendable que se realicen siempre en el mismo lugar, cuyo ambiente se irá cargando con las vibraciones positivas de la bruja y de los sucesivos hechizos. Cuando por alguna razón sea difícil mantener un solo lugar, se puede optar por una segunda estancia y alternarlas. En cualquier caso, lo menos conveniente es cambiar cada vez el sitio de ejecución.

Recomendamos escoger un lugar en la propia vivienda, pues suele ser lo más cómodo ya que el ambiente estará cargado con las vibraciones particulares de la persona que lo habita, lo que creará un entorno favorable a sus experiencias como bruja moderna. Pero puede suceder que por algún motivo no resulte apropiado realizar los hechizos en el propio domicilio. En ese caso se puede disponer de un espacio en el lugar de trabajo o en casa de un familiar o de un amigo. La condición indispensable es disponer de la suficiente privacidad y silencio en el momento de realizar el hechizo, y lo conveniente es no utilizar ese sitio solo de forma ocasional. No debemos olvidar que la frecuencia y la acción reiterada de los instrumentos que se emplean van cargando el lugar de energías positivas y manejables. Cuanto más utilicemos un mismo lugar, más fácil nos resultará la ejecución de los hechizos y mejores podrán ser sus resultados.

El mueble de apoyo: Casi todos los hechizos se realizan sobre una superficie plana que pueda contener los instrumentos necesarios y facilitar su manipulación por parte de la bruja. Bastará para tal fin con una mesa de cocina, una cómoda o un tocador, que formen ya parte del mobiliario de la estancia elegida. El mueble de apoyo podrá seguir cumpliendo su función original entre hechizo y hechizo, sin mengua de su utilidad para la brujería.

Si está fabricado con una materia natural (madera, hierro, mármol), se trabajará directamente sobre esta superficie, pasando antes un trapo para quitar el polvo y la suciedad que pudiera tener en ese momento. Si se trata de un mueble de plástico u otro material sintético, conviene cubrirlo con un paño o mantel de tejido natural (lino, algodón, lana, etc.) limpio y si es posible sin dibujos y de color claro.

También se recomienda usar siempre —o con la mayor asiduidad posible— el mismo mueble de apoyo y el mismo paño, por aquello de la acumulación de vibraciones conocidas y positivas.

LUZ, AROMAS Y MÚSICA

La brujería moderna, energética y ecológica, ha roto totalmente con la imagen de oscurantismo, nocturnidad y crispación que se asociaba a la magia negra y la hechicería medieval. El ambiente en que se realizan los hechizos ha de ser claro, tranquilo y agradable. Cuanto más confortable se sienta la bruja para concentrarse y más luzcan los instrumentos que utiliza, mejores serán los resultados de su manipulación. Las vibraciones se desplazarán mejor, se percibirán con más claridad y concentrarán con más fuerza las energías positivas. Abramos pues las ventanas de nuestro recinto mágico —aunque sea simbólicamente— y llenémoslo con los recursos ambientales que lo inunden de paz y serenidad.

La iluminación: Como acabamos de decir, la luz clara y natural abre camino a las energías positivas y ahuyenta las vibraciones negativas. Siempre que sea posible hay que ejecutar los hechizos a la luz del día, e incluso con las ventanas entreabiertas (si ello no afecta a la privacidad y al silencio imprescindibles).

Pero es obvio que muchas brujas modernas tienen ocupaciones laborales o familiares que no les permiten disponer en pleno día de su lugar de trabajo brujeril y del tiempo necesario para ejecutarlo. También es posible que ese lugar no tenga luz natural o esta sea insuficiente. En esos casos no existe ningún problema en utilizar la luz eléctrica, con bastante fuerza para iluminar la mesa y los instrumentos de trabajo. Es conveniente dirigirla hacia el techo o una pared, de forma que su luminosidad sea indirecta o, si se trata de una lámpara fija, cubrirla con una tela o papel que mitiguen su intensidad. Y luego, ponerse a trabajar. Lo importante es ver claramente lo que se hace y que las energías convocadas no actúen en penumbra.

Una observación final: la vela encendida es también una fuente de luz, pero nunca deben realizarse los hechizos iluminados solo por ella. Su función en este caso es emitir, recibir y concentrar vibraciones favorables, que tienen relación con su fuerza energética y no con su luminosidad. Forzarla a iluminar el recinto por sí sola debilitaría casi totalmente su potencia mágica.

Los perfumes y aromas: Puestas a hacer más agradable el lugar de los hechizos, las brujas modernas pueden también utilizar un aroma ambiental de su gusto. En general, los perfumes y aromas no interfieren en las vibraciones y pueden facilitar su recepción por parte de la oficiante. Pero no deben distraer ni desequilibrar su atención. Si la bruja está habituada a utilizar perfumes sobre su cuerpo y a aromatizar los ambientes de su casa, puede hacer lo mismo en el momento del hechizo.

La condición es que los olores le sean conocidos y no rebasen un cierto nivel de suavidad.

Para el perfume personal, se recomiendan unas gotas de lavanda o del agua de colonia habitual, esparcidas en el nacimiento del cuello y en las muñecas momentos antes del hechizo. No conviene perfumar el cabello, donde se intensifica el aroma, ni la piel, que debe permanecer libre de sustancias extrañas.

Para aromatizar el ambiente lo más recomendable es poner a quemar un palito de incienso perfumado con una hierba fresca y de olor suave. En ningún caso se deben utilizar esprays o aerosoles, ni cualquier otro utensilio que deje gotas de perfume suspendidas en el aire donde ha de actuar el hechizo.

La música ambiental: Es este un tema muy personal, ya que hay algunos a los que la música les sirve para serenarse y concentrarse, y otros a los que abiertamente los distrae o los molesta cuando están concentrados en cualquier tipo de actividad. En cuanto a las energías cósmicas, las ondas musicales suaves pueden inducir una mejor vibración, reduciendo los excesos de intensidad. Por el contrario, la música muy sincopada o ruidosa puede quebrar la continuidad de las ondas y estropear el hechizo.

La bruja que decida ambientarse con un fondo musical debe poner apenas el volumen suficiente para poder oírlo. La mayoría de las vibraciones se mueven en un nivel ultrasónico y solo reaccionan a las ondas de la música, no a su sonido.

IV

Hechizos y conjuros de la bruja moderna

INTRODUCCIÓN: MIS CONSEJOS PERSONALES

Si ya estás decidida y preparada para realizar tu primer hechizo, a continuación vienen un centenar de «recetas» que he recopilado entre las más sencillas y eficaces, tratando de abordar los temas y asuntos más frecuentes de la vida personal y cotidiana. En estas últimas líneas previas a tu práctica como bruja moderna, quisiera insistir en algunos consejos personales y agregar observaciones y matizaciones a las explicaciones que se han dado en los capítulos anteriores.

El fin o deseo: Todo hechizo se realiza para cumplir un fin o deseo, que puede ser más o menos general o muy concreto, para favorecer a la propia bruja o a otra persona. Lo importante es que ese objetivo sea ético y positivo; que no pretenda manipular las fuerzas cósmicas para herir o perjudicar a nadie. Los hechizos agresivos o vengativos desencadenan energías negativas que tarde o temprano

acaban «pasando factura» y volviéndose contra la propia hechice-
ra. Esto obedece a la polaridad, o cuarta ley del universo, cuyos
principios explicaremos más adelante.

La visualización: En los momentos previos a la ejecución del hechizo, mientras regresamos a casa o vamos al herbolario, es recomendable imaginar los detalles de su **realización**: la disposición
del lugar, los elementos que utilizaremos, el color de la vela, nuestros gestos, el conjuro que vamos a recitar, etc. A esto lo llamamos «visualización» y sirve para ir alertando y orientando nuestras
energías hacia ese hechizo en particular. La visualización debe repetirse después de finalizada la ejecución, para reafirmar y mantener su fuerza.

Esto obedece a la primera ley –la del mentalismo–, que nos
dice que el pensamiento es energía y todo pasa por la mente. El
hechizo tendrá una doble fuerza si primero se trabaja mentalmente y luego se pasa a la acción.

El lugar: Ya se ha dicho que cualquier estancia puede ser apropiada para realizar los hechizos, siempre que la ejecutante se sienta
cómoda. Ha de ser una habitación conocida, con la que en alguna
medida la bruja se sienta identificada. Es decir, dentro de sus posibilidades, debe ser un espacio propio, en el que se sienta a gusto
y con libertad para ejercer de bruja moderna.

Es aconsejable preparar el ambiente quemando un palito de
incienso o encendiendo una velita blanca antes de la iniciación del
hechizo, así como ventilar la habitación una vez se haya terminado.

La escritura: Es un hábito de buena bruja –lo pida o no la «receta»
de cada hechizo– escribir en un papel, a mano, el fin que se desea
alcanzar, y luego plegarlo y colocarlo debajo del pie que sostiene la
vela. No se trata del conjuro que se va a recitar, sino del objetivo, el

deseo, definido con nuestras propias palabras. Esa breve redacción concentrará nuestras fuerzas y consolidará el hechizo, ya que uno de los principios más reconocidos de la sabiduría ancestral afirma que «lo que se escribe, escrito está».

La disposición: Debemos estar bien dispuestas para realizar un hechizo, por lo que es necesario dedicar a ello unos minutos antes de la ejecución. Busca la concentración por medio de la respiración abdominal, e imagina que el aire sube desde el plexo solar hasta la coronilla, vaciando la mente para llenarla de la energía que necesitas. Los pensamientos que nos distraen pueden bloquear esas energías, mientras que la buena concentración las canaliza hacia su objetivo.

Las vibraciones externas y las internas forman parte de una misma energía, separada virtualmente por el cuerpo físico y mental. Durante el hechizo, esa totalidad energética debe volver a reunirse, canalizada por la mente y orientada por las vibraciones del propio hechizo y el conjuro.

El tiempo: No existe un tiempo obligatorio para la realización de cada hechizo, pero conviene no tener que cronometrarlo. En la magia, como en otros temas, la prisa casi nunca es buena consejera. Es importante disponer de un tiempo razonable y tranquilo, tanto para la preparación como para la ejecución, e incluso para unos minutos posteriores de relajación y «aterrizaje».

La perfecta armonía: Antes y después de ejecutar un hechizo, es recomendable una breve concentración para pedir internamente la *«perfecta armonía para todo el mundo»*. No se trata solo de un deseo generoso y solidario, sino también de algo que favorece el resultado del propio hechizo.

La racionalidad: Pese a la imagen exasperada que nos atribuye la tradición, las brujas debemos ser personas equilibradas y razonables. No está en nuestras manos realizar milagros ni oponernos a los designios de la naturaleza. Si le «pedimos peras al olmo», solo conseguiremos fracasar. Una bruja moderna debe proponerse fines que sean razonables y alcanzables dentro del orden natural de las cosas y que un buen hechizo pueda orientar e impulsar hacia el cumplimiento de su deseo.

El resultado: Vaya por delante que un hechizo puede fracasar, e incluso más de una vez. Las energías cósmicas no siempre están a disposición de nuestros deseos, o estos pueden no ser adecuados a la situación o al momento de nuestra petición. Dicho esto, recordemos que el factor fundamental del éxito de un hechizo está en nuestra propia mente, es decir, en nuestra actitud mental y psicológica ante el fin deseado.

Yo suelo decir que no se pueden hacer hechizos para conseguir un novio, y luego huir espantada ante cualquier hombre que nos aborde por la calle o en una reunión. A los hechizos, como al propio Dios, hay que ayudarlos, pidiendo lo que deseamos y haciendo todo lo posible para favorecer su cumplimiento. Y también dándole tiempo para que actúe, sin pedirle resultados inmediatos y deslumbrantes.

Si pese a todo un hechizo se nos resiste, conviene dejar pasar un tiempo y volver a repetirlo, esforzándonos en su preparación y ejecución. Si sigue sin funcionar, reflexionemos: ¿es positivo?, ¿es apropiado?, ¿es razonable? En el caso de que en nuestro fuero interno respondamos afirmativamente a estas preguntas, quizá haya que camibar algún elemento o color que interfiera en nuestras vibraciones (solo podemos saberlo por experiencia e intuición). Llegados a este punto, es difícil no obtener resultados. Pero si fuera así, quizá ese caso en particular necesite un hechizo de mayor complejidad y poderío.

Los niveles: Un mismo fin puede exigir distintos niveles de poderío para ser alcanzado, según cada caso concreto y cada ejecutante.

La mayor parte de nuestro «recetario» son hechizos normales con poder suficiente en casi todos los casos. Pero en algunos temas exponemos uno o dos niveles de mayor fuerza y complejidad, por si fuera imprescindible recurrir a ellos. Se trata de los hechizos mayores, indicados con una «M», y los hechizos superiores, señalados con una «S».

Es totalmente desaconsejable ir directamente a los niveles mayores y superiores sin haber pasado antes, sin éxito, por los hechizos normales indicados para el mismo fin. Solo si un hechizo normal ha fallado en tres ocasiones espaciadas en el tiempo y perfectamente ejecutadas, podemos arriesgarnos a un hechizo mayor. Si un hechizo mayor fracasa tres veces seguidas, la bruja moderna tendrá que pensarse muy bien si lo que está pidiendo es apropiado, o si hay en ella alguna vibración negativa que esté bloqueando la realización de ese deseo.

Si tras un profundo examen personal y una comprobación de su poder como bruja (lógicamente tras practicar muchos y diversos hechizos con buen resultado), decidiera que el fallo de ese caso en particular se debe a una falta de poderío, podría plantearse la ejecución de un hechizo superior. Pero debemos advertir que los poderosos «S» no son para cualquier persona ni para cualquier momento. Solo deben aplicarse estrictamente a los fines concretos que les corresponden, en el mejor estado de concentración y equilibrio personales y ejecutándolos con absoluto cuidado.

LOS **100** HECHIZOS QUE PUEDEN CAMBIAR TU VIDA

Estos hechizos se presentan divididos en cuatro tipos de finalidades: el amor; la salud y la belleza; los asuntos de dinero, el trabajo y los estudios, y la vida personal y familiar. En el comienzo hay un hechizo iniciático, para favorecer nuestra relación con la energía cósmica, y al final un hechizo rector, dirigido a tu participación en el equilibrio del universo.

La mayoría de los hechizos se componen a su vez de cinco partes:

Finalidad, *que explica el objetivo o deseo para el que puedes utilizar el hechizo.*

Observación, *referida generalmente a la actitud personal que conviene adoptar antes y después del hechizo, o a determinados aspectos particulares de su ejecución.*

Realización, *que explica los elementos que debes usar y su disposición.*

Conjuro, *que son las palabras que debes recitar una o más veces para convocar las vibraciones que actúan en el hechizo.*

Consejo, *que consiste en algunos «trucos» con los que puedes fortalecer la energía del hechizo.*

Pasemos ahora a nuestro «recetario», y recuerda siempre que debes procurar tanto la exactitud de la ejecución como ejercer tu libertad e imaginación para introducir poco a poco pequeños cambios y toques personales en los elementos y la realización. Cuando tengas la suficiente experiencia, tú misma podrás crear tus propios hechizos y conjuros, adaptando y combinando este centenar básico de sencillos ejercicios de magia para favorecer tu vida cotidiana.

1
HECHIZO INICIÁTICO

★ **FINALIDAD:** Abrirnos las puertas de la energía universal y asegurarnos de que en ningún caso traicionaremos sus principios ni sus fines.

★ **OBSERVACIÓN:** Este debe ser el primer hechizo que ejecuten las principiantes, y es conveniente repetirlo siempre que sea posible a lo largo de su práctica como bruja moderna.

★ **REALIZACIÓN:** Enciende una vela blanca.
Coloca frente a ella una rosa también blanca.

CONJURO
**Con humildad convoco
a la energía universal
prometiendo serle fiel
y emplearla para el bien.**

CONSEJO
La ejecución de este hechizo es deliberadamente simple, para que lo repitas siempre que puedas. Lo ideal sería antes de cualquier otro hechizo, o al menos en aquellos que ofrecen cierta dificultad.

EN EL AMOR

2
ENCONTRAR A LA PERSONA QUE MEREZCA TU AMOR

★ **FINALIDAD:** Conseguir que centres tus energías, tu vitalidad y tu interés en hallar a una persona que merezca tus atenciones, porque sabrá valorarlas y corresponderlas.

★ **OBSERVACIÓN:** Este tipo de hechizo siempre funciona mejor si mantienes tu espíritu abierto a todas las posibilidades y permaneces atenta a tu entorno, para así poder percibir las señales, reconocer a las personas de tu alrededor que realmente te valoran y descubrir entre ellas quien merezca tu amor.

★ **REALIZACIÓN:** Coloca en un jarrón con agua tres rosas de color rosa.

Enciende una vela blanca.

En un trozo de tela pon una rama de canela, una hoja de laurel y eucalipto; después pliega la tela en forma de hatillo y átala con un cordel.

Una vez colocados los elementos encima de una mesa, recita el conjuro en voz alta.

CONJURO
**Al poder del universo
y a las fuerzas del amor
pido encontrar la persona
con quien poder caminar
en la dicha y el dolor.**

CONSEJO

Este hechizo funciona mejor si se realiza después
del crepúsculo, durante la luna creciente.

3
ENCONTRAR A LA PERSONA QUE MEREZCA TU AMOR (M)

★ **FINALIDAD:** La misma que el anterior, con la fuerza de un hechizo mayor.

★ **OBSERVACIÓN:** Si has llegado a este hechizo es porque te ha fallado el nivel anterior. Quizá necesitas poner mayor disposición de tu parte y mantener abiertos tu mente y tu corazón para poder reconocer el objeto de tu amor cuando se presente.

★ **REALIZACIÓN:** Enciende una vela blanca en el centro, con una naranja a la izquierda y otra roja a la derecha.
Rodéalas con una corona de rosas de color rosa o un círculo de pétalos humedecidos con agua de azahar.
Delante, frente a ti, coloca una gema de amatista o de turquesa (o ambas).
Esparce una pizca de canela en polvo sobre estas piedras preciosas.

CONJURO
**Luz de luna, piedras de amor,
llamas intensas, rosas vibrantes,
unid las fuerzas del universo
para que encuentre por fin a mi amante.**

CONSEJO
Los hechizos mayores son difíciles de canalizar. Este debe realizarse con luna llena, y tiene más poder a la medianoche y la hora siguiente.

4
QUE LA PERSONA AMADA TE CORRESPONDA

★ **FINALIDAD:** Dirigir la atención de la persona amada hacia nosotros, para que descubra nuestro atractivo y sienta las vibraciones de nuestro cariño.

★ **OBSERVACIÓN:** Es importante «ayudar» un poco a este hechizo. Debes cuidar tu aspecto y tener pequeñas atenciones con la persona amada.

★ **REALIZACIÓN:** (En viernes, si deseas atraer a un hombre; o martes si quieres atracr a una mujer).
Coloca un jazmín y una rosa (mejor si es rosa o roja) encima de la mesa.
Enciende una vela roja entre ambas flores.
Escribe el nombre de la persona que quieres en un papel. Recita el conjuro en voz alta.
Luego quema el papel en la llama de la vela.

CONJURO
**Llamo a las fuerzas del amor
para que me veas tal como soy,
comprendas que te quiero
y entiendas mi pasión.**

CONSEJO
Como es sabido, el rosa es el color del amor; por eso
para favorecer el hechizo conviene que te vistas con
alguna prenda rosa o fucsia mientras lo realizas.

5

QUE LA PERSONA AMADA TE CORRESPONDA (M)

★ **FINALIDAD:** La misma que el anterior, con la fuerza de un hechizo mayor.

★ **OBSERVACIÓN:** Conviene que te asegures de que lo que sientes es realmente amor. Si es así, piensa en qué puedes tener que cambiar para facilitar la finalidad del hechizo.

★ **REALIZACIÓN:** Enciende tres velas verdes dispuestas en triángulo.
Rodea el triángulo con pétalos de rosas de color rosa y rojo.
Coloca en el centro una alhaja de plata que te pertenezca.
Escribe en un papel tu deseo, con tus propias palabras, y las iniciales de la persona, y ponlo debajo de la alhaja.

CONJURO
**Por este conjuro
de hechizo mayor vendrás a mí
y entenderás mi amor,
llenando de dicha
el ser de los dos.**

CONSEJO
El papel que has escrito está cargado por las vibraciones de tu deseo.
Quémalo en la vela que más haya ardido y abre la ventana
para que el humo de tu pasión salga en su busca.

6
QUE LA PERSONA AMADA TE CORRESPONDA (S)

★ **FINALIDAD:** La misma que los dos anteriores, con la intensa carga de un hechizo superior.

★ **OBSERVACIÓN:** No realices un hechizo superior si no estás segura de que tus vibraciones son positivas y claras. También es posible que, aunque la ames, no sea la persona adecuada para tu felicidad. Piénsatelo.

★ **REALIZACIÓN:** Enciende una vela roja de buen tamaño. Detrás de ella, en fila, alterna dos velas rojas y dos blancas. A la izquierda de la vela mayor sitúa un objeto de hierro. A la derecha coloca un topacio o un cuarzo blanco (o ambos). En un papel, escribe tres veces las iniciales de la persona y rodéalas con un círculo.
Quema el papel en la vela roja mayor al tiempo que recitas el conjuro.

CONJURO
**Con toda la fuerza de mi ser
y la energía del universo conjuro al corazón
de mi amado para que venga a mí
y nos amemos eternamente. Que así sea, y así será.**

CONSEJO
Para canalizar favorablemente la potente fuerza de
este hechizo, sin que se vuelva contra ti, lleva contigo el
objeto de hierro desde el crepúsculo anterior (amanecer
o atardecer) hasta el crepúsculo siguiente.

7

QUE QUIEN AMAS TE PROPONGA IR A VIVIR JUNTOS

* **FINALIDAD:** Conseguir un mayor compromiso por parte de la persona amada, a través de la propuesta de convivir.
* **OBSERVACIÓN:** Solo actúa en el caso de que la persona elegida sea realmente la más apropiada para ti y la convivencia tenga buenas perspectivas.
* **REALIZACIÓN:** Pon un trozo de tela roja debajo de una vela. Luego ata un lazo o un cordel alrededor de la vela. Recita el conjuro. Después apaga la vela.

CONJURO

**Agradezco al universo
el cariño que hoy tengo,
pero pido más ayuda
para dar un paso más
en nuestro camino juntos.**

CONSEJO

Este hechizo es más efectivo si se realiza antes de la luna llena, en viernes y en la tercera hora de oscuridad.

8

QUE UNA RELACIÓN QUE SE INICIA SEA FELIZ Y DURADERA

★ **FINALIDAD:** Prevenir las malas vibraciones y las energías negativas que puedan surgir en una relación.

★ **OBSERVACIÓN:** Al comenzar una relación es importante que te muestres tal como eres, con sinceridad y claridad, y que procures obtener lo mismo de la otra persona.

★ **REALIZACIÓN:** Coloca flores de azahar en un jarrón. Enciende una vela blanca o verde.

Pon un cuenco con agua, con unos pétalos de margarita. Recita el conjuro en voz alta.

Deja que se consuman las velas.

CONJURO

Con la fuerza del agua
que todo lo purifica
alejo de nuestro lado
lo que sea negativo.

CONSEJO

Conviene repetir este hechizo periódicamente si deseas que la relación sea duradera.

91

9
QUE UNA RELACIÓN QUE SE INICIA SEA FELIZ Y DURADERA (M)

★ **FINALIDAD:** La misma que el hechizo anterior, si pese a este ha habido fricciones o malentendidos.

★ **OBSERVACIÓN:** Los comienzos suelen ser difíciles en cualquier tipo de vínculo. Puedes esperar un poco antes de ejecutar este hechizo mayor o, si lo realizas, apoyarlo con tu buena disposición y tu confianza en el futuro de la relación.

★ **REALIZACIÓN:** Enciende una vela roja en cada extremo de la mesa y una blanca en el centro.

Coloca una rosa de color rosa entre las velas, en el espacio de la izquierda.

Coloca una margarita en el espacio de la derecha.

Delante de todo, pon un ramito de azahar y una amatista.

CONJURO
**Que nuestro amor florezca
con la fuerza de estas flores,
que la pasión lo enriquezca
y gracias al universo
para siempre permanezca.**

CONSEJO
Este es uno de los hechizos mayores que conviene realizar durante el día, para vivificar las radiaciones florales que te apoyan y la luminosidad de la amatista protectora.

10
QUE NO SE DEJE INFLUIR POR OTROS CONTRA TI

★ **FINALIDAD:** Alejar las malas influencias que tu pareja pueda recibir de terceros que busquen debilitar vuestro amor.

★ **OBSERVACIÓN:** Si existen terceras personas que desean influir negativamente, es mejor enfrentarse razonablemente a ellas que «llenarle la cabeza» a tu pareja y provocar discusiones.

★ **REALIZACIÓN:** Pon un ramo de violetas encima de la mesa. A la izquierda coloca un poco de verbena.

Pon algún objeto de hierro delante (por ejemplo una llave, o algo similar).

Escribe el nombre de tu pareja en un papel de color violeta. Rodea el papel con una cinta o cordel.

CONJURO
**A las fuerzas del cosmos
ruego que te protejan
de quienes te quieren mal
porque de mí te alejan.**

CONSEJO
Debes hacer sentir a tu pareja que la valoras y fortalecer
su autoestima, para que no se deje influir fácilmente.

11
POTENCIAR Y ENRIQUECER
EL AMOR DE TU PAREJA

★ **FINALIDAD:** Potenciar dentro de la pareja normal los buenos sentimientos y alejar las vibraciones negativas, para así aumentar la afectividad y el amor entre ambos.

★ **OBSERVACIÓN:** Favorecerás este y todos los hechizos de amor si sabes conciliar tus deseos con los de tu pareja, permitiendo que ambos desarrolléis vuestras personalidades.

★ **REALIZACIÓN:** Coloca en un saquito de tela natural canela, ajedrea, eucalipto y una piel de naranja.
Enciende una vela roja.
Pon un objeto de plata delante de la vela (si tienes una cadena, colócala de forma que rodee la vela). Recita el conjuro.

CONJURO
**Agradezco al universo
el amor que ahora tengo
y para no perderlo
pido ahora un refuerzo.**

CONSEJO
Una buena comunicación facilita las relaciones de
pareja; si hay una buena convivencia, es más fácil que el
cariño aumente y se intensifiquen las emociones.

12
ENCONTRAR MÁS COMPRENSIÓN EN EL SER QUE AMAS

★ **FINALIDAD:** Facilitar el entendimiento entre dos personas y favorecer que tus ideas y sentimientos sean entendidos y apoyados por tu pareja.

★ **OBSERVACIÓN:** Es conveniente la serenidad y el buen humor por parte de la persona que amas, para que esté mejor dispuesta a comprenderte. Intenta alejar de ella las malas vibraciones o energías negativas.

★ **REALIZACIÓN:** En un papel, escribe con tinta verde el nombre de tu pareja.

Coloca detrás una vela verde.

Pon una ramita de hinojo a la izquierda de la vela. Recita el conjuro.

Luego quema el papel y apaga la vela humedeciéndola.

CONJURO
**A las fuerzas del amor
pido yo más comprensión
para poderte amar más
y que me entiendas mejor.
Que así sea, y así será.**

CONSEJO
Si sientes que tu pareja no te entiende, pregúntate si consigues
expresar bien lo que deseas. Quizá no te comprende
porque no has sabido decirlo de la manera adecuada.

13
QUE TE PRESTE MÁS
ATENCIÓN Y DEDICACIÓN (M)

★ **FINALIDAD:** Que tu pareja esté más atenta y más pendiente de ti, para que tenga esos pequeños detalles que a todos nos alegran el día.

★ **OBSERVACIÓN:** Excepcionalmente, proponemos efectuar un hechizo mayor de comprobada efectividad. Aunque la finalidad no nos parezca tan importante, es una de las que más necesitamos y de las más difíciles de conseguir.

★ **REALIZACIÓN:** Coloca en forma de triángulo tres velas, una verde, una rosa y una naranja.

Delante de las velas pon una ramita de laurel y otra de menta.

Recita el conjuro en voz alta.

Deja que las velas se consuman hasta la mitad y luego apágalas.

CONJURO
Quiero sentirte más cerca,
disfrutar de tu atención
y esos pequeños detalles
que alegran el corazón.

CONSEJO
Si no consigues alguna de las velas de colores, puedes sustituirla por una vela blanca con un papel del color indicado debajo. En este caso ten cuidado de que no se queme el papel.

14
QUE TE PRESTE MÁS ATENCIÓN Y DEDICACIÓN (S)

★ **FINALIDAD:** La misma que el anterior, con la fuerza de un hechizo superior.

★ **OBSERVACIÓN:** Antes de pasar a este nivel, pregúntate si por tu parte le estas dedicando atención y muestras de cariño. Ninguna magia puede ayudarte a recibir lo que tú no das.

★ **REALIZACIÓN:** Enciende cinco velas verdes colocadas en círculo. Coloca en el centro una cadena o pulsera de plata (mejor si te pertenece).
Pon dentro de la plata una piedra de lapislázuli.
Escribe el nombre de tu pareja en un papel, y debajo el tuyo. Traza una flecha de él hacia ti.
Estruja el papel y ponlo delante del círculo mágico. Esparce sobre la bola de papel unas hojas de menta.

CONJURO
**Te convoco con todas mis fuerzas a que muestres tu amor
y cariño como yo te demuestro mi afecto
y así sabes que no lo has perdido.
Que así sea, y así será.**

CONSEJO
Los hechizos superiores son definitivos. Si no tienes éxito después de tres intentos, significa que la magia no puede ayudarte en este asunto. Procura ayudar tú a la magia, realizando este hechizo con gran concentración, transparencia y exactitud.

15
EVITAR DISCUSIONES Y RIÑAS EN LA PAREJA

★ **FINALIDAD:** Alejar las malas vibraciones y energías negativas de la pareja, y de esta manera facilitar la convivencia.

★ **OBSERVACIÓN:** A veces la brujería se propone cosas casi imposibles, ya que toda pareja tiene diferencias y malentendidos. Si no se pueden evitar las discusiones, intenta que su resultado sea positivo para la convivencia.

★ **REALIZACIÓN:** Coloca en una mesa un recipiente con agua clara.

Detrás enciende una vela blanca.

Pon un trozo de cobre delante (el interior de los cables eléctricos es de cobre, pero si pones un cable quítale el plástico que lo recubre).

Escribe en un papel el nombre de tu pareja y después de recitar el conjuro moja el papel en el agua.

CONJURO
**Con la pureza del agua
alejo de nosotros
las fuerzas negativas
que enturbian nuestro gozo.**

CONSEJO
Conviene repetir cada tanto este hechizo, incluso aunque las cosas vayan bien. La magia preventiva suele ser una de las más eficaces.

16
EVITAR DISCUSIONES Y
RIÑAS EN LA PAREJA (M)

★ **FINALIDAD:** La misma que el anterior, pero con la fuerza de un hechizo mayor.

★ **OBSERVACIÓN:** Este hechizo necesita mucha concentración y precisión para realizarlo.

★ **REALIZACIÓN:** Enciende una vela verde y dos blancas.
Coloca delante un ramo de margaritas (pueden ser del color que más te guste).
A la izquierda de las flores pon un objeto de cobre.
A la derecha de las margaritas coloca un topacio.

CONJURO
Invoco al universo
para poder proteger
nuestra relación
de las riñas y la discusión.

CONSEJO
Para mejorar la comunicación
es conveniente saber escuchar.

17
QUE ACEPTE MEJOR A TUS AMISTADES O FAMILIARES

★ **FINALIDAD:** Conseguir una mejor predisposición y participación de tu pareja en tu entorno.

★ **OBSERVACIÓN:** Además del hechizo, se necesita una evolución interna por parte de tu pareja. No trates de imponerle a tus allegados desde el principio, es más fácil hacerlo paulatinamente y con «mano izquierda».

★ **REALIZACIÓN:** Pon una vela naranja y tus flores favoritas encima de la mesa, disponiéndolas según tu gusto.
Escribe el conjuro en un trozo de papel.
Mientras lo haces concéntrate en visualizar a tu pareja y a tus amigos y familiares.

CONJURO
**Sé que tú me amas y yo te amo a ti,
por eso nadie puede interponerse.
Deja que los otros se acerquen a mí
y que tú y ellos aprendáis a quereros.**

CONSEJO
Este es un conjuro aparentemente simple, solo de vela y flores,
porque lo importante en él es tu compromiso energético
por medio de la concentración y la visualización.

18
EVITAR QUE CAIGA EN LA SEDUCCIÓN DE OTRA PERSONA

★ **FINALIDAD:** Proteger a tu pareja para evitar que terceros se interpongan en tus relaciones con ella.

★ **OBSERVACIÓN:** Es un hechizo poderoso y debes hacerlo con mucha concentración.

★ **REALIZACIÓN:** Enciende una vela blanca.
Coloca delante de la vela cuatro clavos de hierro formando un cuadrado.
En un papel (si puede ser de color marrón, mejor) escribe el nombre de la persona amada, dobla el papel hasta que te quepa dentro del cuadrado de clavos y colócalo allí.

CONJURO
**Me uno a las fuerzas del cosmos
para apartar a mi amado
de las malas artes de otros
y conservarlo a mi lado.**

CONSEJO
Para ayudar a este hechizo y evitar que tu amado se fije en otras personas y sea seducido por ellas, aumenta tus atenciones hacia él, que no tenga motivos para alejarse de tu lado.

19
EVITAR QUE CAIGA EN LA SEDUCCIÓN DE OTRA PERSONA (M)

★ **FINALIDAD:** La misma que el anterior, pero con la fuerza de un hechizo mayor.

★ **OBSERVACIÓN:** Es aún más poderoso, por lo que debes despejar tu mente de malas energías antes de realizarlo. Asegúrate de que estás preparada y en condiciones para hacerlo correctamente; si crees que no es así, déjalo para otro día.

★ **REALIZACIÓN:** Coloca tres margaritas en la mesa.
Enciende tres velas, una blanca, una rosa y una marrón. Colócalas formando un triángulo.
En el centro del triángulo pon unas hojas de eucalipto y delante, un objeto de hierro.

CONJURO
**Con la fuerza que me han dado
protejo mi gran amor
de influencias de terceros
que alejarlo de mí quieren.
Tengo el poder para hacerlo,
y así lo hago.**

CONSEJO
Igual que en el hechizo anterior, te recomiendo
aumentar tus atenciones con tu pareja y mantenerla ocupada, sin
llegar a caer en una sensación de vigilancia, ya que esta situación
sería tensa y opresiva, y esto siempre trae consecuencias negativas.

20
AUMENTAR TU ATRACTIVO Y SENSUALIDAD

★ **FINALIDAD:** Aumenta tu atractivo físico y te hace sentir más hermosa.

★ **OBSERVACIÓN:** Piensa que el atractivo físico no es lo más importante. Pregúntate cuáles son tus verdaderos deseos para realizar este hechizo y analiza si vale la pena. Lo que quiero decir es que a todo el mundo le gusta sentirse admirado y atractivo, pero observa si deseas eso realmente o buscas algo más profundo.

★ **REALIZACIÓN:** Enciende una vela roja.
Delante coloca un recipiente de aluminio y pon en él una ramita de canela.
Escribe tu nombre en un papel rojo.

CONJURO
**Pido al universo
más belleza y atractivo
para sentirme más bella
y más a gusto conmigo.**

CONSEJO
Es mejor si realizas este hechizo en luna creciente o llena.

21
AUMENTAR TU ATRACTIVO Y SENSUALIDAD (M)

★ **FINALIDAD:** La misma que el anterior, pero con la fuerza de un hechizo mayor.

★ **OBSERVACIÓN:** Igual que en el hechizo anterior, te recomiendo que analices tus sentimientos y deseos. Concéntrate especialmente para que el hechizo salga de la manera correcta.

★ **REALIZACIÓN:** Pon un trozo de papel de aluminio cubriendo la zona de la mesa donde vas a hacer el hechizo y coloca todos los elementos encima de él.

Sitúa tres velas rojas en línea y enciéndelas.

En un trozo de tela roja pon un poco de canela y un poco de sal, delante de las velas.

Recita el conjuro mientras te concentras en tu imagen y tu persona.

CONJURO
Deseo ser más hermosa,
pero no por vanidad, sino para atraer
a mi amado y conservarlo mucho más.

CONSEJO
La sensualidad no está tan ligada con el atractivo físico
como creemos; guarda más relación con la imagen
que tenemos de nuestro propio cuerpo y de nosotras
como personas. Intenta mejorar tu propia imagen
interior y aumentarás tu sensualidad al sentirte más segura
y atractiva (en todos los sentidos, no solo físicamente).

22
QUE ACEPTE UNA PROPUESTA IMPORTANTE TUYA

★ **FINALIDAD:** Involucra más a tu pareja en su relación contigo.
★ **OBSERVACIÓN:** Asegúrate de que lo que deseas proponerle a tu pareja es conveniente para los dos y que ambos saldréis beneficiados. Estudia tus sentimientos y convéncete de que no son egoístas.
★ **REALIZACIÓN:** Enciende una vela blanca.
Coloca delante un objeto de oro (mejor si es un anillo). En un papel escribe lo que deseas proponerle. Recita el conjuro y quema el papel.

CONJURO
**Pido ayuda al universo
con respeto y humildad
para que acepte mi propuesta
sin ninguna salvedad.**

CONSEJO
Si puedes, es conveniente que lleves puesto el objeto de oro durante varios días para que te acompañe la fuerza de este metal.

23
QUE COMPARTA MÁS TUS DESEOS Y AFICIONES

★ **FINALIDAD:** Atrae a tu pareja hacia tus gustos para que seáis más afines y compartáis más cosas.

★ **OBSERVACIÓN:** Piensa en si realmente es eso lo que deseas; tal vez es la diversidad de gustos lo que te atrajo de tu pareja, ya sabes que los polos opuestos se atraen. Analiza seriamente tus sentimientos.

★ **REALIZACIÓN:** Escoge dos rosas del color que más te guste y átalas con un lazo o cordel.

En un papel escribe las aficiones que te gustaría que tu pareja compartiera contigo.

Recita el conjuro.

CONJURO
**Que compartas mi afición y mis gustos deseo,
y que en ello me acompañes quiero.
Que así sea, y así será.**

CONSEJO
Otra solución posible es que tú compartas un poco más sus gustos. Inténtalo durante un tiempo a ver qué tal resulta.

24
QUE TU PAREJA SEA
MÁS ROMÁNTICA Y CARIÑOSA

★ **FINALIDAD:** Logra que tu pareja tenga más atenciones contigo y aumente su romanticismo.

★ **OBSERVACIÓN**: Recuerda que el romanticismo es cosa de dos. Muéstrate tú también afectuosa y receptiva a sus manifestaciones.

★ **REALIZACIÓN**: Coloca en un jarrón tus flores preferidas. Luego enciende una vela rosa.
Recita el conjuro.

CONJURO
El amor es una fuerza
que rige el universo,
ríndele tributo
dando más afecto.

CONSEJO
El cariño es una forma de expresar sentimientos.
Si quieres que tu ser amado sea más cariñoso, expresa tú
también tus sentimientos de forma clara y abierta.

25
QUE TU PAREJA SEA
MÁS ROMÁNTICA Y CARIÑOSA (M)

★ **FINALIDAD:** Igual que en el caso anterior, aumenta las atenciones de tu pareja.

★ **OBSERVACIÓN:** Como en todos los hechizos mayores, se requiere mucha concentración y tener la mente despejada para poder centrarse en el hechizo.

★ **REALIZACIÓN:** En un trozo de papel escribe el nombre de tu ser amado.

Coloca encima del papel una amatista.

Delante pon un trozo de tela de un color que te guste y encima ajedrea y un poco de canela.

CONJURO
En el río del amor
estoy yo embarcada,
para que remes conmigo
he aquí mi llamada.

CONSEJO
No pretendas que se muestre más cariñoso
en cualquier lugar; expresar los sentimientos
es muy difícil para algunas personas.
Por eso, para facilitar las cosas,
pídele romanticismo en lugares íntimos y cuando
estéis los dos solos, así le será más fácil.

26
ESTIMULAR EL DESEO Y EL PLACER SEXUAL

★ **FINALIDAD:** Aumenta la satisfacción en las relaciones sexuales.

★ **OBSERVACIÓN:** Además del hechizo también debes mostrarte abierta y dispuesta a manifestar tu propia sensualidad.

★ **REALIZACIÓN:** Pon un ramo de rosas rojas, con la cantidad de flores que desees según la fuerza que quieras darle al hechizo. Enciende una vela roja y deja que se consuma.

CONJURO

**A las fuerzas ocultas
transmito mi ruego,
que me den más pasión
y aumenten mi deseo.**

CONSEJO

En los hechizos son más eficaces los números impares.
Te recomiendo que elijas un número impar de
rosas, por ejemplo tres, cinco o siete.

27
ESTIMULAR EL DESEO
Y EL PLACER SEXUAL (M)

★ **FINALIDAD:** Igual que en el hechizo anterior, aumenta el placer sexual.

★ **OBSERVACIÓN:** Antes de realizar este hechizo, de mayor fuerza que el anterior, asegúrate de que el primero no ha surtido efecto. No se deben hacer hechizos poderosos si no son necesarios.

★ **REALIZACIÓN:** Ambienta la estancia con un poco de incienso. Pon cinco rosas rojas encima de la mesa formando una estrella, con el tallo hacia dentro y las flores hacia fuera. Delante coloca un papel con el nombre de tu pareja. Pon encima del papel una rama de canela o espolvoréalo con canela en polvo. Recita el conjuro.

CONJURO
**Llamo a las fuerzas del universo
con humildad y devoción
para que escuchen mi ruego
y me den mayor pasión.**

CONSEJO
El rojo es el color de la pasión y la fuerza amorosa.
Vístete con algo de ese color mientras hagas el hechizo
y úsalo de vez en cuando en los días siguientes.

28
RECUPERAR TU ATRACCIÓN SEXUAL SOBRE TU PAREJA

★ **FINALIDAD:** Intensifica el deseo amoroso cuando este se ha enfriado un poco.

★ **OBSERVACIÓN:** Para ayudar a este hechizo, muéstrate afectuosa y dispuesta y cuida tu aspecto.

★ **REALIZACIÓN:** Vístete con algo de color rojo. Enciende una vela roja.

Delante coloca algún objeto de cobre (por ejemplo, un cable pelado).

Escribe en un papel tu nombre y el de tu pareja, y quémalos en la vela mientras recitas el conjuro.

CONJURO
**Este conjuro digo
para que me veas como soy
y quieras estar conmigo
y compartir nuestro amor.**

CONSEJO
Realiza este hechizo en viernes, en la segunda hora de oscuridad.

29
RECUPERAR TU ATRACCIÓN
SEXUAL SOBRE TU PAREJA (M)

★ **FINALIDAD:** Recuperar la pasión amorosa.
★ **OBSERVACIÓN:** Se trata de un hechizo mayor, recuerda que debes realizarlo con mucha precisión.
★ **REALIZACIÓN:** Escribe en un papel rojo el nombre de tu ser amado.
Pon encima del papel una rosa roja.
Coloca tres velas, dos rojas y una blanca, formando un triángulo alrededor de la rosa de forma que la vela blanca quede en el vértice más alejado de ti.
Delante de las velas pon una amatista.

CONJURO
**En armonía con el universo,
reclamo sus fuerzas
para recuperar lo nuestro
y atraer a mi pareja.**

CONSEJO
Lleva contigo la amatista durante un tiempo.

30
CONVENCER A TU PAREJA PARA QUE DESISTA DE MARCHARSE O SEPARARSE

★ **FINALIDAD:** Evita el alejamiento de la persona amada.

★ **OBSERVACIÓN:** Antes de hacer el hechizo analiza tus sentimientos y necesidades hasta convencerte de que deseas que se quede a tu lado.

★ **REALIZACIÓN:** Escribe en un papel el nombre de tu ser amado.
Coloca encima del papel un objeto de hierro.
Enciende una vela.
Deja que la vela se consuma.
Escribe en otro papel los motivos por los cuales quieres que se quede y recítalos en voz alta en forma de conjuro.

CONSEJO
Vístete de color marrón durante el conjuro.

31
CONVENCER A TU PAREJA PARA QUE DESISTA DE MARCHARSE O SEPARARSE (M)

★ **FINALIDAD:** Evita que la persona que está a nuestro lado nos abandone. Su fuerza vale tanto para la pareja como para los hijos u otras personas que queremos retener junto a nosotros.

★ **OBSERVACIÓN:** Este hechizo pierde poder si el alejamiento de la persona es claramente beneficioso para su felicidad o para su futuro.

★ **REALIZACIÓN:** Coloca cinco clavos de hierro formando una estrella.

Alrededor pon tres velas blancas.

Escribe en un papel el nombre de la persona que deseas retener.

Estruja el papel con la mano izquierda y guárdalo en un saquito de tela. Agrega un puñado de tierra.

CONJURO
Con la fuerza del hierro
y el poder de la tierra
deseo retenerte
y que no me pierdas.

CONSEJO
No es recomendable que abordes la cuestión del posible alejamiento con la persona que deseas retener durante los días consecutivos al hechizo.

32
TENER ÉXITO EN UN ENCUENTRO DE RECONCILIACIÓN

★ **FINALIDAD:** Recuperar a la persona amada tras una ruptura.

★ **OBSERVACIÓN:** Estudia si esta reconciliación es conveniente para los dos antes de hacer el hechizo.

★ **REALIZACIÓN:** Coloca un recipiente con agua. Échale al agua un poco de sal.

Delante del cuenco pon tres clavos de hierro formando un triángulo.

A la izquierda enciende una vela blanca.

CONJURO

**Con la pureza del agua
y la fuerza de la sal
recupero nuestro amor
en esta oportunidad.**

CONSEJO

Cualquier reconciliación requiere un esfuerzo por ambas partes. Haz lo que sea necesario por la tuya.

33
RECUPERAR UN AMOR PERDIDO

★ **FINALIDAD:** Nos devuelve a una persona amada que se ha alejado de nuestro lado.

★ **OBSERVACIÓN:** Si se trata de un amor muy lejano en el tiempo, asegúrate de que tus sentimientos son reales y no los has idealizado debido a la nostalgia.

★ **REALIZACIÓN:** Enciende una vela rosa y una violeta.
Escribe en un papel el nombre de tu ser amado.
Coloca dentro de un saquito de tela ajedrea, ruda y laurel.
Alinea los tres elementos (vela, papel y saquito) en perpendicular frente a ti.

CONJURO
Para tener lo que es mío,
recuperar mi amor perdido
y alcanzar el equilibrio,
es por lo que hoy os llamo
con este ruego mío.

CONSEJO
Este hechizo necesita mucha concentración y tener
la mente libre de energías negativas.

34
RECUPERAR UN AMOR PERDIDO (M)

★ **FINALIDAD:** Nos devuelve un amor que se había alejado.

★ **OBSERVACIÓN:** Igual que en el hechizo anterior, analiza tus sentimientos. Estudia tu situación actual y la de la persona amada para comprobar que los dos saldréis ganando si volvéis a estar juntos.

★ **REALIZACIÓN:** Enciende tres velas, una roja, una rosa y una marrón.

Delante coloca una rosa (del color que quieras), una margarita y una flor de azahar.

Escribe el nombre de tu ser amado y pon encima del papel una turquesa.

A la izquierda del papel pon varias hojas de laurel.

CONJURO
**Estoy lista y preparada
para el amor que ya viene,
recupero ya la dicha
porque por fin tú a mí vuelves.**

CONSEJO
Conviene visualizar a la persona amada
mientras se hace el hechizo.

35
CONSEGUIR QUE EL SER AMADO VUELVA JUNTO A TI

* **FINALIDAD:** Recuperar a una persona amada que se ha alejado.
* **OBSERVACIÓN:** Los hechizos de llamada, como este, son muy poderosos. Prepárate bien antes de hacerlo, despeja tu mente y analiza tus sentimientos.
* **REALIZACIÓN:** Coloca un papel rojo grande (como mínimo tamaño folio o din A4) encima de la mesa.
  Pon los elementos del hechizo sobre el papel: una vela, una rosa de color rosa y un objeto de hierro.
  Enciende la vela con cuidado y recita el conjuro.

CONJURO
**Con el poder del fuego
invoco a las fuerzas
que moran en el universo
para recuperar a...............
(decir el nombre del ser amado)
con la fuerza de mi ruego.**

CONSEJO
Conviene hacer este hechizo en miércoles.

36
SABER SI ES MEJOR ROMPER UNA RELACIÓN AMOROSA

★ **FINALIDAD:** Ayuda a que veamos con más claridad si nos conviene o no seguir con una relación con la cual no estamos totalmente satisfechos.

★ **OBSERVACIÓN:** Este hechizo ayuda a la introspección y a aceptar sentimientos que permanecen ocultos. Por eso es muy importante acceder a él sin ningún tipo de prejuicio sobre lo que nos conviene y con la mente abierta a cualquier solución.

★ **REALIZACIÓN:** Enciende una vela rosa.

Pon varias margaritas encima de la mesa.

En un papel azul escribe una lista con los motivos por los cuales quieres romper la relación y otra con los motivos por los que quieres seguir.

Lee las listas en voz baja como si fueran un conjuro.

CONSEJO

Muchas veces las relaciones
no se rompen por miedo al cambio.
Analiza tus sentimientos
para ver si ese es tu caso.

37
COMPRENDER CUÁL ES TU PARTE DE CULPA EN UN PROBLEMA AMOROSO

★ **FINALIDAD:** Saber en qué proporción somos responsables de un problema con nuestra pareja.

★ **OBSERVACIÓN:** A veces no es agradable asumir ciertas responsabilidades en los problemas, pero el hecho de que quieras realizar este hechizo demuestra que estás dispuesta a hacerlo. ¡Bravo! Solo falta que mantengas tu mente abierta.

★ **REALIZACIÓN:** Enciende una vela violeta, una verde y una naranja.

Escribe en un papel azul el problema que has tenido con tu pareja.

Encima del papel pon un objeto de plata.

CONJURO
**Pido al cosmos que me envuelve
sabiduría y conocimiento
para resolver el trance
en que ahora me encuentro.**

CONSEJO
En este caso es conveniente acompañar el hechizo con un análisis de tus deseos, sentimientos y expectativas.

EN LA SALUD Y LA BELLEZA

38
POTENCIAR Y MANTENER TUS
ENERGÍAS VITALES POSITIVAS

★ **FINALIDAD:** Mantiene las energías positivas de la persona.

★ **OBSERVACIÓN:** Considero este hechizo muy útil, ya que es muy bueno tener energías positivas.

★ **REALIZACIÓN:** Enciende una vela naranja. Delante de la vela pon una ramita de menta fresca y a la izquierda de la menta, un objeto de cobre.

CONJURO
**Con humildad y devoción
llamo a las fuerzas del cosmos
para estar en armonía
mientras de vida me colmo.**

CONSEJO
Tener energías positivas es también
una cuestión de actitud.
Si mantienes una actitud positiva,
todo resulta mucho más fácil.

39
POTENCIAR Y MANTENER TUS ENERGÍAS VITALES POSITIVAS (M)

★ **FINALIDAD:** La misma que el anterior, con la fuerza de un hechizo mayor.

★ **OBSERVACIÓN:** Este hechizo es más poderoso que el anterior; concéntrate y aleja las energías negativas.

★ **REALIZACIÓN:** Coloca menta, verbena y eucalipto encima de la mesa.
Rodea las hierbas con un triángulo de tres velas, una naranja, otra blanca y otra azul.
Delante del triángulo pon un topacio.

CONJURO
**Todo es energía
y en ese todo entro también,
por eso acudo al cosmos, superaré lo negativo
y mantendré lo que es mi bien.**

CONSEJO
Hoy en día estamos sometidos
a una fuerte presión. Las energías positivas
te ayudarán a superar el estrés y la tensión diaria.

40
POTENCIAR Y MANTENER TUS ENERGÍAS VITALES POSITIVAS (S)

★ **FINALIDAD:** La misma que en las dos anteriores, con la fuerza de un hechizo superior.

★ **OBSERVACIÓN:** Los hechizos superiores no deben realizarse si antes no se han hecho los hechizos sobre el mismo asunto sin obtener resultados.

★ **REALIZACIÓN:** Coloca cinco velas blancas formando una estrella.

En el centro coloca violetas (la cantidad que desees).

A la izquierda de las flores pon un saquito de tela con un poco de tierra, eucalipto y ruda.

Delante de las flores y el saquito pon un topacio.

Piensa en las situaciones que te hacen dudar y aumentan tus energías negativas mientras haces el hechizo. Una vez acabado piensa en las situaciones que potencian tus energías positivas.

CONJURO
**Alejo de mí todo mal
y las energías negativas
para mejorar mi vida
y tener vitalidad.**

CONSEJO
Durante los días siguientes vuelve a pensar en las situaciones
que generan energías positivas y a visualizarlas.

41
SUPERAR LA ANGUSTIA
Y LA DEPRESIÓN

★ **FINALIDAD:** Ayuda a superar los momentos difíciles en que nos sentimos deprimidos o acorralados.

★ **OBSERVACIÓN:** Para estos sentimientos negativos siempre hay un motivo; busca en tu interior cuál es el motivo en este caso concreto. Conocer y analizar las causas te ayudará a resolver el problema.

★ **REALIZACIÓN:** Enciende una vela encima de un trozo de tela gris.
Rodea la vela con un cable de cobre (cable eléctrico pelado).
A la derecha de la vela coloca mejorana y romero.

CONJURO
Pido al universo
que me ayude a superar
este mal momento
y pueda vislumbrar
la luz que hay al final.

CONSEJO
Procura llevar alguna prenda gris durante unos días.

42
SUPERAR LA ANGUSTIA
Y LA DEPRESIÓN (M)

★ **FINALIDAD:** Igual que en el hechizo anterior, aleja de ti las energías negativas con la fuerza de un hcchizo mayor.

★ **OBSERVACIÓN:** Debes encarar este hechizo con una actitud positiva.

★ **REALIZACIÓN:** Enciende una vela gris, una naranja y una verde, y colócalas en paralelo a ti.

Delante de las velas pon un poco de mejorana, romero y una rama de olivo.

Echa un poco de sal sobre las hierbas.

Delante coloca un objeto de hierro y a su izquierda un topacio.

CONJURO
**En mi interior está el poder
para superar esta situación,
salir adelante podré
sin duda ni vacilación.
Puedo hacerlo y lo haré.**

CONSEJO
Si puedes, lleva contigo el topacio durante algún tiempo.

43
SENTIRSE ANIMADA Y ESTIMULADA

★ **FINALIDAD:** Consigue alejar las malas vibraciones y aumentar las energías positivas.

★ **OBSERVACIÓN:** Pon un poco de voluntad además del hechizo. Busca y haz cosas que te interesen para estimularte.

★ **REALIZACIÓN:** Coloca una rosa roja encima de un papel de color magenta.
Échale un poco de sal.
Pon delante del papel un cuarzo blanco.

CONJURO
**A las fuerzas de lo oculto
pido ahora animación
para sentirme mejor
y conseguir lo que busco.**

CONSEJO
Lleva durante dos días
alguna prenda de color magenta.

44
CALMAR LA IRRITACIÓN Y LA AGRESIVIDAD

* **FINALIDAD:** Aleja las energías negativas y sosiega el ánimo para evitar que aflore nuestro lado más agresivo.
* **OBSERVACIÓN:** La irritabilidad y la agresividad son actitudes negativas que conviene alejar de nuestro comportamiento. Para esto también es muy útil el viejo truco de contar hasta diez cuando sentimos que algo nos irrita; ese breve lapso nos permite reaccionar con más tranquilidad y seguro que de modo más acorde con la situación.
* **REALIZACIÓN:** Enciende una vela verde, otra violeta y otra azul. Pon las tres velas formando un triángulo (detrás la verde, la azul a la izquierda y la violeta a la derecha).
En el centro del triángulo coloca un trozo de papel y encima una ramita de menta fresca y otra de lavanda.

CONJURO
**Quiero alejar de mi ánimo
malos espíritus y malas vibraciones
que nublan mi capacidad
para ver con claridad.**

CONSEJO
Muchas veces la agresividad se genera por cosas sin importancia. Debes evitar enfadarte por este tipo de situaciones y analizar qué es lo que realmente te molesta.

45
EVITAR LA CONFUSIÓN MENTAL Y ESPIRITUAL

★ **FINALIDAD:** Aleja las dudas y confusiones de nuestra mente, permitiendo así ver la realidad con más claridad.

★ **OBSERVACIÓN:** Este sentimiento de confusión es muy común y todo el mundo lo experimenta alguna vez, pero es importante que seas consciente de él cuando te sucede. La confusión nubla la percepción de las cosas y muchas veces nos dificulta poder actuar o reaccionar correctamente.

★ **REALIZACIÓN:** Coloca tres claveles rojos formando un triángulo de manera que el tallo de uno esté en contacto con los pétalos del otro (no pongas dos flores o dos tallos juntos). En el centro del triángulo pon un objeto de plata.

CONJURO

**De mi espíritu quiero alejar
esta fuerza negativa
que me impide avanzar
y confunde mi mente intuitiva.**

CONSEJO

Si puede ser, lleva contigo el objeto de plata
hasta que te sientas menos confusa.

46
EVITAR LA CONFUSIÓN MENTAL Y ESPIRITUAL (M)

★ **FINALIDAD:** Igual que el conjuro anterior, ayuda a disipar la confusión.

★ **OBSERVACIÓN:** Intenta mantener tu mente abierta y despejada para hacer este hechizo.

★ **REALIZACIÓN:** Pon en un jarrón un ramo de violetas y una rosa blanca.

Escribe tu nombre tres veces en un papel de color gris. Pon encima del papel una turquesa.

Delante coloca una rama de menta y unas hojas de laurel.

CONJURO
**Deseo apaciguar mi espíritu
y aclarar mis ideas,
quitar el velo que me nubla
e impide que claro vea.**

CONSEJO
Es conveniente hacer este hechizo con luna creciente.

47
ALIVIAR JAQUECAS
Y ESTADOS DE CONFUSIÓN

★ **FINALIDAD:** Libera la mente de la confusión y los dolores de cabeza o jaquecas que esta pueda causar.

★ **OBSERVACIÓN:** Las jaquecas pueden ser fruto de la confusión mental o de problemas de salud. Asegúrate de que tu caso se debe a lo primero.

★ **REALIZACIÓN:** Coloca papel de aluminio en la mesa y pon encima los elementos del hechizo.

Enciende una vela azul.

Delante de la vela pon un poco de mejorana y menta.

CONJURO
**Quiero liberar mi mente
del dolor y la confusión,
abrirla a lo positivo
y despejar mi visión.**

CONSEJO
La menta es una hierba muy útil en estos casos.
Te recomiendo que la tomes en infusión durante varios días.

48
ALIVIAR PROBLEMAS
RESPIRATORIOS Y ASMÁTICOS

★ **FINALIDAD:** Libera las vías respiratorias y facilita la circulación del oxígeno en nuestro organismo.

★ **OBSERVACIÓN:** Puedes usar este hechizo tanto en tu beneficio como en el de una persona cercana y querida que tenga este tipo de problemas.

★ **REALIZACIÓN:** Escribe en un papel el nombre de la persona que sufre estos problemas.
Enciende una vela blanca.
A la izquierda coloca un objeto de bronce.
Encima del objeto de bronce pon una rosa blanca.

CONJURO
**Que el aire penetre en el cuerpo
y pueda circular con libertad
por el interior del organismo
llenándolo de vitalidad.**

CONSEJO
Aromatiza la habitación donde realices el
hechizo con esencia de eucalipto.

131

49
ALIVIAR TRASTORNOS GASTROINTESTINALES

★ **FINALIDAD:** Ayuda a nuestro organismo a superar las dificultades físicas que influyen en el espíritu.

★ **OBSERVACIÓN:** Los trastornos intestinales pueden estar provocados por una dieta inadecuada o por sufrir demasiada tensión o estrés. Evita ambas situaciones para ayudar al hechizo.

★ **REALIZACIÓN:** Pon en un saquito de tela un poco de lavanda y menta.
Delante coloca un cuarzo blanco. Enciende una vela blanca.

CONJURO
**Llamo al universo
para pedir equilibrio
en este momento adverso.**

CONSEJO
Procura acompañar este hechizo con ejercicios
de relajación y de respiración profunda.

50
ALIVIAR DOLENCIAS
CARDÍACAS Y CIRCULATORIAS

★ **FINALIDAD:** Ayuda en los trastornos circulatorios.
★ **OBSERVACIÓN:** En los problemas de salud siempre es apropiado consultar a un especialista además de recurrir a la magia.
★ **REALIZACIÓN:** Coloca varias rosas en la mesa.
Delante pon un poco de verbena y mejorana encima de un papel blanco.
A la derecha pon un poco de agua en un recipiente de aluminio.

CONJURO
**Con la fuerza del agua y su pureza,
consigo librarme del mal que me aqueja.**

CONSEJO
Añade un poco de ajo al hechizo.
Colócalo al lado del agua.

51
ALIVIAR DOLORES
DE ESPALDA Y DE HOMBROS

★ **FINALIDAD:** Aliviar las molestias en la espalda causadas por el estrés y las malas posturas.

★ **OBSERVACIÓN:** Los dolores de espalda están generados muchas veces por una mala colocación o posición. Cuida tu espalda tanto en el trabajo como en los momentos de relax.

★ **REALIZACIÓN:** Coloca un poco de espliego encima de un trozo de papel de aluminio.
Delante pon un trozo de cuarzo blanco.
Coloca varias rosas blancas delante del cuarzo.

CONJURO
En armonía con el universo
pido liberar mi cuerpo
de los males que lo acosan.
Que así sea, y así será.

CONSEJO
Aromatiza el ambiente con espliego
antes de hacer el hechizo.

134

52
DISMINUIR ARRUGAS
Y PROBLEMAS DE LA PIEL

★ **FINALIDAD:** Darle más tersura y elasticidad a la piel.
★ **OBSERVACIÓN:** Es conveniente ayudar al hechizo cuidando un poco la piel con alguna crema hidratante.
★ **REALIZACIÓN:** Enciende una vela naranja.
Pon delante un cuenco de aluminio con almendras y nueces. Delante del cuenco coloca un poco de ruda y una rama de olivo.

CONJURO
**Fuerzas cósmicas
que todo lo sabéis,
ayudadme
a mejorar mi piel.**

CONSEJO
Deja que la vela se consuma por completo.

53
ALCANZAR EL PESO APROPIADO
Y PODER MANTENERLO

★ **FINALIDAD:** Ayudar al organismo a mantener un equilibrio para no variar de peso.

★ **OBSERVACIÓN:** El sobrepeso puede deberse a la ansiedad, que hace comer más de lo necesario. Intenta ayudar al hechizo serenando tu estado de ánimo.

★ **REALIZACIÓN:** Enciende una vela naranja.
Coloca delante una estrella hecha con cinco clavos de hierro.
Pon delante flores blancas.

CONJURO
**Con la fuerza del hierro
pido un equilibrio en mi interior
para mantenerlo en cualquier situación.**

CONSEJO
Los problemas de peso están ligados a veces con
problemas de voluntad; intenta reforzarla.

54
EVITAR LA ADIPOSIDAD
Y LA CELULITIS

★ **FINALIDAD:** Ayudar a evitar la acumulación de grasa en zonas concretas.

★ **OBSERVACIÓN:** Además del hechizo, también debes cuidarte un poco y hacer ejercicio.

★ **REALIZACIÓN:** Pon un recipiente con agua. Delante enciende una vela verde.
Coloca delante de la vela un saquito de tela con verbena y menta.

CONJURO
**Quiero alejar de mí
lo que no sea necesario,
quedar con lo indispensable
y aligerarlo.**

CONSEJO
Guarda el saquito durante dos días.

55
REFORZAR LA SALUD
Y LA BELLEZA DEL CABELLO

★ **FINALIDAD:** Darle más fuerza y brillo al cabello.
★ **OBSERVACIÓN:** Concéntrate en hacer correctamente este hechizo.
★ **REALIZACIÓN:** Coloca en un recipiente de aluminio una cucharada de miel.
Pon delante un ramo de tus flores favoritas.
A la izquierda de las flores enciende una vela verde.

CONJURO
**Ahora pido ayuda
con humildad y devoción
a las fuerzas que iluminan
toda la creación.**

CONSEJO
Realiza este hechizo en la segunda hora de oscuridad.

56
DARLE FRESCURA
Y ATRACCIÓN AL ROSTRO

★ **FINALIDAD:** Revitalizar el rostro.

★ **OBSERVACIÓN:** Muchas veces el rostro pierde atractivo a causa del cansancio. Procura dormir bien y verás como tu cara te lo agradece.

★ **REALIZACIÓN:** Cúbrete el rostro con un trozo de tela rojo mientras dices el conjuro.

Encima de la mesa pon un trozo de papel de aluminio con menta y verbena.

CONJURO

**Cubro mi rostro
y pido al universo
ayuda y comprensión
en esta situación.**

CONSEJO

Lleva puesta durante dos días
alguna prenda de ropa de color rojo.

57
DARLES LUMINOSIDAD A LOS OJOS
Y ATRACCIÓN A LA MIRADA

* **FINALIDAD:** Aumentar la expresividad de la mirada, con lo cual se consigue mayor atractivo.
* **OBSERVACIÓN:** Los ojos y la mirada también reflejan el estado de ánimo y el cansancio. Procura dormir bien para aportarle más fuerza a tu mirada.
* **REALIZACIÓN:** Pon en la mesa un trozo de papel del color de tus ojos (marrón, verde, azul, etc.).
Encima del papel pon un poco de ruda y verbena. Coloca detrás varias rosas blancas.

CONJURO
Veo a través de mis ojos,
pero también me ven a través de ellos.
Ayudadme a limpiarlos
y a que sean más bellos.

CONSEJO
Ciertos colores realzan el brillo de la mirada.
Mírate en el espejo y estudia cuál es el color que
mejor le va a tu cara y vístete de ese color.

58
EVITAR EL INSOMNIO
Y MEJORAR EL DESCANSO

★ **FINALIDAD:** Relajar el cuerpo y la mente para poder dormir mejor y aumentar así el descanso.

★ **OBSERVACIÓN:** El insomnio está producido por situaciones de estrés y nervios. Intenta relajarte y que tu vida sea más tranquila para ayudar a este hechizo.

★ **REALIZACIÓN:** Encima de un trozo de tela verde coloca una ramita de menta, espliego y verbena.

A la izquierda pon un objeto de aluminio (puede ser un trozo de papel de aluminio).

Delante de las hierbas pon un cuarzo blanco.

CONJURO
Hago esta petición
a los poderes de la noche
para atraer el sueño
y que nada lo estorbe.

CONSEJO
Toma una infusión de menta
por la noche durante varios días.

59
ATRAER LA FERTILIDAD

★ **FINALIDAD:** Ayuda a la fertilidad y facilita un buen embarazo.
★ **OBSERVACIÓN:** Si llevas algún tiempo intentando quedarte embarazada y no lo consigues, no te obsesiones con esto, no hay que darle prisas a la naturaleza.
★ **REALIZACIÓN:** Enciende una vela naranja.
Coloca delante un objeto de bronce; si puede ser un cuenco o algo similar, mejor.
Dentro del cuenco de bronce pon una rama de canela y un poco de ruda.

CONJURO
**A las fuerzas cósmicas
invoco con humildad
para pedirles salud
y obtener fertilidad.**

CONSEJO
Vístete con colores cálidos durante algún tiempo.

EN ASUNTOS DE DINERO, TRABAJO Y ESTUDIOS

60
SUPERAR UNA DIFICULTAD ECONÓMICA

★ **FINALIDAD:** Ayudar a la superación de un mal momento económico.

★ **OBSERVACIÓN:** Este hechizo necesita una gran concentración.

★ **REALIZACIÓN:** Pon una rosa amarilla en la mesa. Delante de la rosa esparce un poco de eucalipto y laurel. Coloca un cuarzo blanco delante.

CONJURO
**Deseo estar en armonía
y conseguir superar
este trance de hoy en día
para mañana caminar en libertad.**

CONSEJO
Lleva puesta durante unos días
una prenda de ropa de color amarillo.

143

61
SUPERAR UNA DIFICULTAD ECONÓMICA (M)

★ **FINALIDAD:** Igual que en el anterior pero con la fuerza de un hechizo mayor.

★ **OBSERVACIÓN:** Este es un hechizo mayor que requiere mucha concentración y respeto.

★ **REALIZACIÓN:** Coloca un ramo de flores amarillas.

Delante enciende dos velas amarillas y una verde, colocadas en línea horizontal.

Pon delante de las velas un objeto de oro (mejor si es un anillo).

CONJURO
Esta llamada mayor
es para pedir ayuda
y superar el trance
que ahora me acucia.

CONSEJO
Procura vestirte durante unos días con colores amarillos
o afines y lleva contigo el objeto de oro del hechizo.

62
MEJORAR TU RELACIÓN CON EL DINERO Y LOS GASTOS

★ **FINALIDAD:** Ayuda a aumentar el control en la relación ingresos/gastos.

★ **OBSERVACIÓN:** Es necesario por tu parte un cierto esfuerzo para controlar los gastos. Piensa antes de gastar si es algo que realmente necesitas.

★ **REALIZACIÓN:** Pon en la mesa un ramo de violetas y una rosa blanca.

Enciende una vela amarilla.

Delante de la vela coloca tres clavos de hierro formando un triángulo.

CONJURO
**Equilibrio y armonía
es lo que ahora deseo
para poder mantener
en su lugar el dinero.**

CONSEJO
Hoy en día se les da demasiada importancia al dinero
y al consumo. Intenta no dejarte seducir por esto y
decidir tú misma qué es lo que necesitas.

63
OBTENER UNA FUENTE DE INGRESOS EXTRA

* **FINALIDAD:** Ayudar a las fuerzas cósmicas a que consigas otra fuente de ingresos.
* **OBSERVACIÓN:** Para conseguir otra fuente de ingresos primero debes buscarla. El hechizo te ayudará pero tú debes hacer el esfuerzo de buscarla por todas las vías posibles.
* **REALIZACIÓN:** Enciende dos velas amarillas y una blanca. Colócalas en forma de triángulo con la vela blanca en el extremo más alejado de ti.
  En el centro del triángulo pon una turquesa.

CONJURO
**Con humildad y respeto
pido ahora otra ayuda,
sé que saldré adelante
si el cosmos me la procura.**

CONSEJO
Piensa que otra fuente de ingresos significa también más trabajo. Plantéate si serás capaz de hacerlo todo.

64

CONSEGUIR EL EMPLEO O ENCARGO LABORAL QUE DESEAS

★ **FINALIDAD:** Ayudar a que la decisión que deben tomar terceras personas respecto a un trabajo o empleo te sea favorable.

★ **OBSERVACIÓN:** Por tu parte debes demostrar que estás capacitada y dispuesta para hacer el trabajo.

★ **REALIZACIÓN:** Enciende una vela blanca. Pon delante un trozo de papel rojo.
Encima del papel coloca varias hojas de laurel y un objeto de oro.

CONJURO
**Con el poder del oro
que brilla y deslumbra
pido que en este momento
me favorezca la fortuna.**

CONSEJO
La capacidad de una persona para poder hacer algo
depende, muchas veces, de su propia confianza en la
creencia de que puede hacerlo. Convéncete a ti misma
de que eres capaz de realizar el trabajo, y lo harás.

65
ENCONTRAR UNA COMPRA O INVERSIÓN FAVORABLE

★ **FINALIDAD:** Ayudar en la búsqueda de una inversión que nos conviene.
★ **OBSERVACIÓN:** Para que el hechizo funcione tú debes hacer la búsqueda.
★ **REALIZACIÓN:** Enciende una vela amarilla. Coloca delante de la vela tres rosas amarillas. A la izquierda de las flores pon un cuarzo rosa.

CONJURO
Deseo encontrar lo que busco
y para eso pido ayuda
con respeto y humildad
a las fuerzas del universo.

CONSEJO
Mantén tu mente abierta a todas las posibilidades;
esto te ayudará en tu búsqueda.

66
REALIZAR UN NEGOCIO O ACUERDO DE FORMA CONVENIENTE

★ **FINALIDAD:** Que el acuerdo o negocio sea para ti lo más provechoso posible.

★ **OBSERVACIÓN:** Estudia y analiza el negocio para saber qué es lo que más te conviene. De esta manera podrás ser más concreto al formular el hechizo.

★ **REALIZACIÓN:** Enciende una vela roja.

Pon delante cinco clavos de hierro formando un círculo. En el centro del círculo coloca una hoja de laurel.

CONJURO
**Con la fuerza del universo
quiero sellar este pacto
para que para mí y los otros
sea provechoso.**

CONSEJO
Puedes añadir a los elementos del hechizo
un ramo de margaritas amarillas.

67
SUPERAR LOS PROBLEMAS CON TU JEFE

★ **FINALIDAD:** Te ayuda en un momento difícil en las relaciones con tu superior.

★ **OBSERVACIÓN:** Los problemas en las relaciones muchas veces están generados por motivos de actitud. Analiza si tu actitud ha podido generar este conflicto.

★ **REALIZACIÓN:** Enciende una vela roja, una verde y una violeta; colócalas en línea vertical.
Pon a la derecha de las velas varias hojas de menta y romero.

CONJURO
**A las fuerzas del universo
pido aclarar su visión
para que me vea tal como soy
la persona en cuestión.**

CONSEJO
Si puedes, haz este hechizo en miércoles.

68

CONSEGUIR EL APOYO DE TUS COMPAÑEROS DE TRABAJO

★ **FINALIDAD:** Ayudar a que mejore la relación con tus compañeros de trabajo y a que te apoyen en una cuestión concreta.

★ **OBSERVACIÓN:** Muchas veces para conseguir el apoyo o la ayuda de alguien lo único que tenemos que hacer es pedirlo. Asegúrate de que tus compañeros saben que deseas su apoyo.

★ **REALIZACIÓN:** Pon en un trozo de tela violeta un poco de ruda, lavanda e hinojo.
Coloca delante un objeto de hierro.

CONJURO

**Con la fuerza del hierro
y el poder de las hierbas
pido a mis compañeros
que en su estima me tengan.**

CONSEJO

Aromatiza la habitación del hechizo
con esencia de lavanda.

69
VENCER LA RESISTENCIA DE UN CLIENTE O SOCIO

★ **FINALIDAD:** Hacer que la persona en cuestión vea con más claridad las ventajas de lo que le propones.

★ **OBSERVACIÓN:** Intenta ser clara en tus propuestas y explicaciones.

★ **REALIZACIÓN:** Forma un círculo encima de la mesa con rosas amarillas.
Coloca en el centro un lapislázuli y un objeto de cobre. Enciende una vela amarilla.

CONJURO
**Con la fuerza del metal y la piedra
en este momento pido ayuda
para vencer la oposición y la resistencia
que ahora se me presentan.**

CONSEJO
Intenta llevar contigo
el lapislázuli durante todo el día.

70
TENER ÉXITO EN UNA LABOR ESPECIALMENTE DIFÍCIL

★ **FINALIDAD:** Ayudarte a superar las dificultades en materia de dinero, trabajo o estudios.

★ **OBSERVACIÓN:** Este hechizo necesita mucha concentración.

★ **REALIZACIÓN:** Coloca una turquesa en la mesa.
Al lado dispón hojas de eucalipto y laurel.
Rodea la turquesa y las hierbas con tres velas amarillas. Enciende las velas y recita el conjuro.

CONJURO
**En esta dificultad
necesito ayuda,
por eso ruego al universo
que calme mi angustia.**

CONSEJO
Lleva contigo la turquesa durante tres días.

71
DECIDIR SOBRE UN NUEVO ESTUDIO O APRENDIZAJE

★ **FINALIDAD:** Te ayuda a esclarecer lo que te conviene.

★ **OBSERVACIÓN:** Analiza a fondo las causas y provechos de ese estudio o aprendizaje.

★ **REALIZACIÓN:** Pon encima de la mesa un ramo de violetas con una rosa blanca.

Escribe en un papel azul el estudio o aprendizaje que deseas hacer.

Coloca encima del papel un objeto de plata.

CONJURO
**Con la fuerza del metal
pido ahora claridad
para tomar la decisión
que más me puede ayudar.**

CONSEJO
Es más fácil tomar decisiones con la mente clara y despejada. Libera tu mente de otras cuestiones o asuntos para facilitar el resultado.

72
OBTENER VOLUNTAD Y CONCENTRACIÓN
PARA ESTUDIAR

★ **FINALIDAD:** Ayuda a concentrar la mente en el estudio.
★ **OBSERVACIÓN:** En el momento de estudiar aleja de tu alrededor cualquier objeto que pueda distraerte.
★ **REALIZACIÓN:** Enciende una vela azul.
  Coloca delante un ramo de claveles del color que más te guste.
  A la derecha de las flores pon un objeto de plata.

CONJURO
**Realizo ahora este hechizo
para tener más voluntad,
conseguir más concentración
y alejar de mi mente toda distracción.**

CONSEJO
Intenta que tu lugar de estudio sea cómodo y agradable.

73
MEJORAR TU RELACIÓN CON EL PROFESOR O MONITOR

★ **FINALIDAD:** Facilita las relaciones profesor-alumno.
★ **OBSERVACIÓN:** Además del hechizo hace falta un poco de buena voluntad por ambas partes.
★ **REALIZACIÓN:** Enciende una vela azul.
Delante forma un círculo con seis margaritas. En el centro del círculo pon un lapislázuli.

CONJURO
**Para conseguir que me entienda
y mejorar mi relación
acudo ahora al universo
pidiendo más comprensión.**

CONSEJO
Los cambios de actitud son paulatinos; ten un poco de paciencia.

157

74
SUPERAR BIEN
UN EXAMEN U OPOSICIÓN

★ **FINALIDAD**: Obtener éxito en una prueba.
★ **OBSERVACIÓN:** Este hechizo no implica que no se necesite estudiar; es una ayuda, pero la base debe ser el estudio.
★ **REALIZACIÓN:** En un papel escribe con tinta azul el nombre de la materia de la que te vas a examinar.
Forma una estrella con cinco clavos de hierro. Coloca delante unas hojas de laurel y eucalipto.

CONJURO
**Necesito fuerzas para superar
esta dura prueba
y segura avanzar
hacia donde el saber me lleva.**

CONSEJO
Si puedes, lleva alguna prenda de color
azul en el momento del examen.

75
SUPERAR BIEN
UN EXAMEN U OPOSICIÓN (M)

★ **FINALIDAD:** Igual que en el hechizo anterior, pero con la fuerza de un hechizo mayor.

★ **OBSERVACIÓN:** Este hechizo necesita mucha concentración.

★ **REALIZACIÓN:** Enciende una vela roja, una azul y otra violeta. Colócalas formando un triángulo.
Pon en el centro tres hojas de laurel.
Al lado del laurel dispón una rosa blanca.
Coloca el tallo de la rosa dentro de un anillo (pulsera, collar, etc.) de oro.

CONJURO
El oro me da fuerzas
y el fuego sabiduría
para que sin problemas
supere la prueba mía.

CONSEJO
Este es un hechizo mayor
y debe hacerse con respeto y seriedad.

76
SUPERAR BIEN
UN EXAMEN U OPOSICIÓN (S)

★ **FINALIDAD:** La misma que en los dos anteriores, pero con la fuerza de un hechizo superior.

★ **OBSERVACIÓN:** Este tipo de hechizos no debe hacerse sin convencimiento y confianza plenos.

★ **REALIZACIÓN:** Coloca tres velas azules, una violeta y una verde formando un círculo.

En el centro pon una turquesa.

En un saquito de tela mete unas hojas de eucalipto y laurel y tres clavos de hierro. Coloca el saquito delante del círculo de velas.

Escribe el conjuro en un papel azul y luego dilo en voz baja.

CONJURO
Tengo la capacidad
para pasar esta prueba.
Me consta que así será.

CONSEJO
Puede serte útil visualizar el momento del examen.
Imagínate el aula, a tus compañeros y la hoja de papel
que tienes delante. Visualiza también las preguntas que
hay escritas en el papel y contéstalas mentalmente.

77
REFORZAR TU CAPACIDAD
MENTAL E INTELECTUAL

★ **FINALIDAD:** Sirve para sacar más provecho a nuestras capacidades.

★ **OBSERVACIÓN:** Muchas veces los problemas de estudio se producen por falta de concentración. Haz ejercicios para tener más concentración, conseguirla rápidamente y tener menos distracciones.

★ **REALIZACIÓN:** Coloca cinco violetas y tres rosas blancas. Enciende una vela azul.

Pon un objeto de cobre (por ejemplo, un cable pelado).

CONJURO
**Para aumentar mi capacidad,
ser brillante y eficaz
hago ahora este hechizo
con respeto y humildad.**

CONSEJO
Dedica unos minutos, antes de ponerte a estudiar, a relajarte y liberar tu mente de problemas y tensiones.

78
REFORZAR TU CAPACIDAD
MENTAL E INTELECTUAL (M)

★ **FINALIDAD:** Igual que en el hechizo anterior, pero con la fuerza de un hechizo mayor.

★ **OBSERVACIÓN:** Concéntrate antes de hacer este hechizo.

★ **REALIZACIÓN:** Coloca encima de la mesa un objeto de oro. Pon al lado hojas de laurel, eucalipto y ruda.
Enciende tres velas azules y colócalas al fondo en paralelo a ti.

CONJURO
**En el universo hay fuerzas
que me ayudarán
a conseguir en mi mente
mayor capacidad.**

CONSEJO
Si puedes, lleva contigo el objeto
de oro durante una semana.

79
REFORZAR TU CAPACIDAD
MENTAL E INTELECTUAL (S)

★ **FINALIDAD:** Igual que en los dos casos anteriores, aunque más poderoso.
★ **OBSERVACIÓN:** No realices este hechizo si no lo crees realmente necesario.
★ **REALIZACIÓN:** Enciende tres velas azules y dos magenta. Colócalas formando un círculo.
En el centro pon un ramo de violetas y tres rosas blancas.
Delante de las flores coloca un objeto de plata y una turquesa.

CONJURO
**Con el poder de la plata
y la magia de la turquesa
pido al universo astral
que me colme de sapiencia.**

CONSEJO
Si consigues una joya en la que estén juntas la plata y
la turquesa, el hechizo puede ser más poderoso.

EN LA VIDA PERSONAL Y FAMILIAR

80
LOGRAR LA ARMONÍA CONTIGO MISMA Y CON TU ENTORNO

★ **FINALIDAD:** Consigue equilibrar tus energías internas para que te sientas bien y mejores tus relaciones con los demás.

★ **OBSERVACIÓN:** El cuidado de tu aspecto puede ayudarte a mejorar tu autoestima.

★ **REALIZACIÓN:** Pon en la mesa algún objeto tuyo que uses con frecuencia.

Enciende una vela blanca. Delante de la vela coloca un lapislázuli.

Escribe en un papel los aspectos de tu personalidad que quieres cambiar y recítalos en voz alta a modo de conjuro. Finaliza diciendo la invocación: «Puedo cambiar, y lo haré».

CONSEJO
Lleva contigo el lapislázuli durante tres días.

81
LOGRAR LA ARMONÍA CONTIGO MISMA Y CON TU ENTORNO (M)

★ **FINALIDAD:** Igual que el hechizo anterior, mejora tu relación con los que te rodean, procurándote una mayor autoestima.

★ **OBSERVACIÓN:** Asegúrate de que estás concentrada y relajada al ejecutar este hechizo, ya que es un hechizo mayor.

★ **REALIZACIÓN:** Pon tres velas en paralelo a ti, una blanca en el centro y dos de color índigo en los lados.

Delante pon un lapislázuli y un cuarzo blanco o rosa.

A la izquierda de las piedras coloca un saquito de tela con unas hojas de menta y ruda.

Escribe tus deseos de cambio como en el hechizo anterior, léelos y luego recita el conjuro.

CONJURO
**Convoco a las fuerzas mayores
del profundo índigo
para obtener los cambios
que necesito.
Sé que puedo cambiar
y que lo voy a lograr.**

CONSEJO
Introduce las piedras en el saquito con hierbas
y llévalo contigo durante dos días.

82
TENER MEJOR DISPOSICIÓN Y COMPRENSIÓN RESPECTO A LOS DEMÁS

★ **FINALIDAD:** Mejora tu predisposición en tus relaciones con terceras personas.

★ **OBSERVACIÓN:** El popular dicho de «ponerse en el lugar del otro» es algo que te puede ayudar a conseguir el objetivo de este hechizo.

★ **REALIZACIÓN:** Enciende una vela verde.
A la izquierda pon unas hojas de laurel y una piel de naranja previamente puesta a secar.
A la derecha coloca una rosa de ese mismo color o blanca.

CONJURO
**Que la fuerza de este hechizo
me ayude a comprender
a los que necesitan
de mi amor y querer.**

CONSEJO
Piensa en tus ocupaciones diarias y analiza si dedicas
suficiente tiempo a tus relaciones personales.

83
CONSEGUIR SERENIDAD Y EQUILIBRIO INTERIOR

★ **FINALIDAD:** Consigue calmar la ansiedad y serenar el espíritu.

★ **OBSERVACIÓN:** Dedica cada día unos minutos a pensar en ti y reflexionar sobre lo que realmente deseas.

★ **REALIZACIÓN:** Pon cuatro violetas alrededor de una rosa blanca. A la izquierda coloca un cuarzo blanco.
A la derecha de las flores enciende una vela azul.

CONJURO
**Para hallar el equilibrio
que me dé serenidad
invoco al universo
con respeto y humildad.**

CONSEJO
Guarda la rosa blanca dentro de un libro hasta que se seque. (Ten la precaución de poner un papel entre la flor y las hojas del libro, para que estas no se estropeen).

84
CONSEGUIR SERENIDAD
Y EQUILIBRIO INTERIOR (M)

* **FINALIDAD:** La misma que el hechizo anterior, con la fuerza de un hechizo mayor.
* **OBSERVACIÓN:** La relajación mental y la respiración profunda son ejercicios que ayudan al equilibrio interior.
* **REALIZACIÓN:** Enciende tres velas azules.
  Pon delante de las velas un objeto de plata (mejor si es de tu uso personal).
  Cubre el objeto con un paño de color violeta. Encima del paño coloca varias hojas de lavanda.

CONJURO
**Que el azul y la plata
me den sus energías
para alcanzar la paz
que mi alma necesita.
Que así sea, y así será.**

CONSEJO
Perfuma tu casa con aroma de lavanda y lleva contigo
el objeto de plata durante una semana.

85
SABER AFRONTAR LA ADVERSIDAD

★ **FINALIDAD:** Te ayuda a superar los momentos difíciles potenciando tus energías positivas.

★ **OBSERVACIÓN:** Cuando tengas un problema, contempla todos sus aspectos y posibles soluciones. Eso te ayudará a afrontarlo y saber superarlo.

★ **REALIZACIÓN:** Enciende una vela violeta.
Pon delante varios clavos de hierro formando un círculo. Coloca dentro unas hojas de eucalipto.

CONJURO
**Del cosmos espero
la fuerza y voluntad
para sobreponerme
en esta adversidad.**

CONSEJO
Hierve las hojas de eucalipto para que su aroma
impregne el entorno del hechizo.

86
SABER AFRONTAR LA ADVERSIDAD (M)

★ **FINALIDAD:** La misma que el hechizo anterior, con la fuerza de un hechizo mayor.

★ **OBSERVACIÓN:** Como todos los hechizos mayores, requiere mucha concentración y cuidado en su realización.

★ **REALIZACIÓN:** Enciende una vela violeta y dos blancas y colócalas formando un triángulo.

En el centro del triángulo pon un objeto de oro (mejor si es un anillo).

En un vaso pon un poco de agua y una rosa amarilla.

CONJURO

**Que el oro, el agua y el fuego,
con su energía vital,
refuercen mi pensamiento
para vencer este mal.**

CONSEJO

Puedes reforzar el hechizo usando agua de lluvia.

87
TENER RESIGNACIÓN POSITIVA
ANTE UNA DESGRACIA

★ **FINALIDAD:** Te ayuda a aceptar un acontecimiento irreparable.

★ **OBSERVACIÓN:** La desesperación y la angustia son nuestros peores enemigos a la hora de aceptar y superar estas situaciones.

★ **REALIZACIÓN:** Coloca un ramo de violetas en un jarrón. A su izquierda enciende una vela naranja.
Frente a la vela pon un objeto de hierro.

CONJURO
**Pido que la fuerza astral
me dé valor y templanza
para poder aceptar
y mantener la esperanza.**

CONSEJO
Recuerda que todos los acontecimientos
forman parte de la rueda de la vida y que todo
permanece en los planos de la energía cósmica.

88
SENTIRTE MÁS ALEGRE
Y DISFRUTAR DE LA VIDA

★ **FINALIDAD:** Potencia tus vibraciones positivas y aleja las negativas, que afectan a tu estado de ánimo.

★ **OBSERVACIÓN:** El estado de ánimo depende en gran medida de la actitud; procura ver el lado positivo de las cosas.

★ **REALIZACIÓN:** Pon un saquito de tela con unos gramos de sal en su interior.
A su izquierda enciende una vela verde. A la derecha pon una ramita de olivo.

CONJURO
**Hago con este hechizo
un ruego a la vida,
que alegre mi existencia
y aleje mis cuitas.**

CONSEJO
Procura vestirte con colores alegres
y adecuados a tu personalidad. Nuestro aspecto
suele influir en nuestro estado de ánimo.

89
SUPERAR CONFLICTOS
CON LOS PADRES

★ **FINALIDAD:** Da comprensión y seguridad para aclarar y superar los malentendidos con los padres.

★ **OBSERVACIÓN:** Expresar nuestra posición con claridad y firmeza, aunque evitando la agresividad, ayuda a que nos escuchen y nos comprendan.

★ **REALIZACIÓN:** Enciende una vela de color índigo. A la izquierda de la vela pon una ramita de hinojo. Delante coloca un cuarzo rosa o blanco.

CONJURO
**Que el índigo profundo
y del cosmos el poder
hagan comprender
a quien me trajo al mundo
lo que llevo en mi ser.**

CONSEJO
Realiza este hechizo en la segunda hora de oscuridad.

90
RESOLVER PROBLEMAS EN LA RELACIÓN CON LOS HIJOS

* **FINALIDAD:** Mejora la relación con tus hijos y tu comprensión.
* **OBSERVACIÓN:** Asegúrate de que escuchas a tus hijos, habla con ellos y conoce sus deseos y expectativas.
* **REALIZACIÓN:** Enciende una vela de color índigo.
  A la izquierda de la vela coloca unas hojas de eucalipto. Pon delante un objeto de plata.

CONJURO
**Con el poder de la plata
invoco a las fuerzas astrales
para poder comprender
a mis hijos y ayudarlos.**

CONSEJO
Lleva contigo el objeto de plata durante dos días.

91
RESOLVER DESACUERDOS ENTRE HERMANOS

★ **FINALIDAD:** Ayuda a superar problemas o desacuerdos entre hermanos.
★ **OBSERVACIÓN:** Este tipo de problemas requieren serenidad y buena voluntad para poder superarlos.
★ **REALIZACIÓN:** Pon en la mesa un lapislázuli.
Detrás coloca tres claveles blancos.
A la izquierda enciende una vela verde.

CONJURO
**Con la fuerza del universo
resolveré este litigio
y a mi hermano volveré
a abrazar con mi cariño.**

CONSEJO
Solemos abusar de la confianza de los familiares.
En este caso intenta ponerte en el lugar de tu hermano.

92
AYUDAR A UN FAMILIAR
EN UNA SITUACIÓN DIFÍCIL

★ **FINALIDAD:** Canaliza nuestras energías positivas para poder ayudar a la persona que lo necesita.

★ **OBSERVACIÓN:** Se requiere mucha concentración para este hechizo.

★ **REALIZACIÓN:** Pon tres rosas blancas formando un triángulo en la mesa.
Escribe el nombre de la persona con problemas en un papel.
Coloca el papel en el centro del triángulo.
Enciende una vela violeta.

CONJURO
**Al poderoso universo
pido ayuda y comprensión
para poder superar
este problema sin dilación.**

CONSEJO
A veces poder hablar con alguien y ser escuchado es una gran ayuda. Habla con la persona que tiene problemas.

93
MEJORAR Y ENRIQUECER LAS RELACIONES FAMILIARES

★ **FINALIDAD:** Mejora tus relaciones personales y te hace sentir más cerca de tus familiares.

★ **OBSERVACIÓN:** Para mejorar las relaciones con tus familiares intenta ver el punto de vista de cada uno de ellos y comprenderlos mejor.

★ **REALIZACIÓN:** Enciende una vela naranja. Pon delante un cuarzo rosa.
Coloca a la derecha un ramo de violetas.

CONJURO
**Invoco a los poderes astrales
para que me unan aún más
a mis amigos y familiares.
Que así sea, y así será.**

CONSEJO
Haz este hechizo en martes,
en la segunda hora de oscuridad.

94
FAVORECER Y PROTEGER
UN EMBARAZO

★ **FINALIDAD:** Protege un embarazo que comienza para que se desarrolle bien y sin problemas.
★ **OBSERVACIÓN:** Este hechizo puedes realizarlo para ti misma o para otra mujer cercana que esté embarazada.
★ **REALIZACIÓN:** Enciende una vela blanca.
Encima de un papel de aluminio coloca una ramita de menta.
Detrás pon cinco rosas blancas en un jarrón con agua.

CONJURO
**A las fuerzas del universo
les pido que ahora protejan
esta vida que comienza
y a la madre que la lleva.**

CONSEJO
Aromatiza el ambiente con olor a menta.

95
PROTEGER Y FAVORECER
UN PARTO

★ **FINALIDAD:** Ayuda en un parto cuando está muy cercano o ya
produciéndose.
★ **OBSERVACIÓN:** Este hechizo requiere mucha concentración y
relajación. Practica la respiración profunda antes de realizarlo.
★ **REALIZACIÓN:** Coloca un ramo de margaritas en un jarrón.
Delante enciende una vela blanca.
A la izquierda de la vela pon un objeto de oro.

CONJURO
**A la fuerza del oro
y al poder del fuego
pido que protejan
este alumbramiento.**

CONSEJO
Lleva contigo el objeto de oro
hasta que el parto haya acabado.

96
FAVORECER LA SALUD Y FELICIDAD DE UN RECIÉN NACIDO

★ **FINALIDAD:** Ayuda y protege a los recién nacidos.
★ **OBSERVACIÓN:** Canaliza tus energías y vibraciones hacia el recién nacido.
★ **REALIZACIÓN:** Coloca cinco rosas formando un círculo (pueden ser del color que quieras).
En el centro pon un objeto de hierro y unas hojas de ruda.

CONJURO
**Para esta vida que empieza
pido al universo entero
amor, protección y fuerza
y que sean duraderos.**

CONSEJO
Si puede ser, haz este hechizo en luna creciente.

97

CONCENTRAR VIBRACIONES CURATIVAS EN UN FAMILIAR ENFERMO

★ **FINALIDAD:** Ayuda a concentrar tus energías y vibraciones para ayudar a esa persona.

★ **OBSERVACIÓN:** Sigue cuidadosamente las indicaciones del hechizo.

★ **REALIZACIÓN:** Enciende una vela de color índigo.
Delante coloca un topacio y un objeto de bronce.

CONJURO
**Con el poder del metal
concentro mi energía
en quien más la requería
para poderse curar.**

CONSEJO
Después de hacer el hechizo visita
a la persona enferma para transmitirle tus vibraciones.

98
ATRAER ENERGÍAS PROTECTORAS
ANTES DE REALIZAR UN VIAJE

★ **FINALIDAD:** Colabora para que un viaje futuro sea más agradable y placentero.

★ **OBSERVACIÓN:** En cualquier viaje es muy provechoso mantener la mente abierta a costumbres y formas de vida diferentes.

★ **REALIZACIÓN:** Enciende tres velas verdes.
Delante de las velas pon un ramo de margaritas.

CONJURO
**A las fuerzas del movimiento
y a su energía
convoco antes de este viaje
para que sea una alegría.**

CONSEJO
Lleva en el viaje algún objeto o prenda de color verde.

99
PROTEGER UNA CASA
Y A SUS OCUPANTES

★ **FINALIDAD:** Protege la vivienda y a quienes viven en ella.
★ **OBSERVACIÓN:** Concéntrate especialmente para hacer este hechizo.
★ **REALIZACIÓN:** Enciende una vela amarilla. Pon delante unas hojas de verbena y menta. A la izquierda coloca un objeto de hierro.

CONJURO
**Deseo proteger
esta casa de todo mal
y alejar de ella
lo negativo y perjudicial.**

CONSEJO
Realiza el hechizo dentro de la casa que deseas proteger.
Aromatiza el ambiente con eucalipto.

100
HECHIZO RECTOR

* **FINALIDAD:** Convoca el equilibrio universal y refuerza el hechizo que acabas de realizar.
* **OBSERVACIÓN:** Este hechizo no necesita elementos, ya que es un conjuro mental y de concentración personal.
* **REALIZACIÓN:** Cada vez que termines un hechizo, concéntrate en ti misma y pide con tus propias palabras PAZ, FELICIDAD Y EQUILIBRIO UNIVERSAL.

GRACIAS, QUE YA SE HA CUMPLIDO.

V

Para brujas que quieren saber más

Este capítulo no es necesario para realizar hechizos, pero puede mejorar sus resultados. En realidad, no es imprescindible leerlo para ser una bruja moderna, como no es imprescindible saber mecánica para ser un buen conductor. Se trata de un capítulo «teórico» —aunque no me acabe de gustar ese término— en el que intentaré exponer con la mayor amenidad y brevedad los principios y antecedentes en que se basa la magia moderna, y algo de las tradiciones y la historia de la brujería.

Lo que sigue está dirigido, como reza el título, a brujas que deseen saber más sobre los fundamentos de la hechicería actual (o, al menos, la que yo practico). Su lectura puede servirles para comprender por qué los hechizos y conjuros funcionan e influyen sobre el curso de la vida cotidiana, o para actuar también como bruja de salón. Con esto quiero decir que muchas de nosotras podemos sentir la necesidad de explicar, en nuestra vida social, la sabiduría y los conocimientos que sostienen nuestra práctica como brujas modernas en la soledad de nuestro ámbito mágico. Tal vez las páginas que siguen puedan ayudar a las brujas inquietas a comprender, y a las divulgadoras a expresarse con mayor claridad.

LAS LEYES DEL UNIVERSO

Todo el universo, aun su materia más aparente y palpable, está compuesto de energía. Esto no lo digo yo, sino la física contemporánea, a partir de las teorías de Einstein. Ocurre que los físicos van estableciendo sus leyes sobre el comportamiento de esa energía, que a veces coinciden y a veces no con las Siete Leyes del universo reconocidas por la sabiduría ancestral. No vamos a discutir aquí si esas leyes inmutables son el resultado de las observaciones y experimentos de los sabios y astrónomos de la Antigüedad (que ya el Evangelio llamó «magos») o si provienen de un conocimiento *infuso*, es decir, revelado por un ser o fuerza superior ultraterreno. Lo cierto es que han permanecido a lo largo de milenios en las más diversas culturas y civilizaciones, encarnando filosofías y religiones, y acabando por confirmarse en gran medida por las investigaciones y descubrimientos más actuales.

Las brujas modernas que buscamos investigar las verdaderas fuentes de nuestro poder (y del poder que subyace en todas las personas), renegando de viejas explicaciones esotéricas, pactos con el diablo, magias negras y otras supersticiones, encontramos en las Siete Leyes un fundamento sólido y coherente para dar cuenta de lo que seguimos llamando «magia».

PRIMERA LEY: EL MENTALISMO

El principio fundamental de esta ley básica, que da pie a las otras seis, es que «todo es mental». Es decir, la energía del universo conforma una mente única, de la que forma parte nuestra propia mente, y que se manifiesta en pensamientos que influyen sobre las cosas, sobre la materia. Las situaciones, problemas, alegrías, enfermedades, fracasos o éxitos son diversas expresiones de nuestra energía mental, de sus vibraciones positivas o negativas sobre nosotros mismos y sobre el entorno.

El mundo vital y material no es malo ni bueno; lo que nos ocurra en él depende de nuestra actitud mental y de la forma en que la integramos en la mente universal. No existe un destino individual preconcebido fuera de nuestras propias ideas, creencias, miedos o ilusiones. Cada situación de nuestra vida responde a algo que subyace, aun en forma inconsciente, en nuestra mente. Si creemos positivamente en alcanzar algo que deseamos, tarde o temprano lo conseguiremos. Pero no es un problema de voluntad, sino de actitud mental, de fe en que las energías favorables pueden ayudarnos. Por contra, si alimentamos pensamientos negativos, miedos, dudas o desconfianza, estas ideas influirán en nuestra conducta y acabarán llevándonos al fracaso que temíamos.

SEGUNDA LEY: LA CORRESPONDENCIA

Es una ley fácil de enunciar pero difícil de explicar. Su lema es «como abajo así es arriba, como arriba así es abajo». Si aceptamos que hay varios planos de existencia (molecular, vegetal, animal, humana, astral) y varios planos de energía (material, vital, planetaria, universal), el principio de correspondencia supone que lo que ocurre en un plano se corresponde con lo que ocurre en los otros. Es decir, si estamos bien situados y equilibrados en nuestro propio plano, podemos desentrañar y descifrar lo que sucede en los planos superiores y también comprender lo que ocurre en los inferiores.

En los niveles mentales esto se da, hacia arriba, con los grandes filósofos, místicos, profetas y renovadores del conocimiento; hacia abajo, en las personas que se relacionan excepcionalmente bien con los animales, las plantas, la tierra o las cosas materiales, porque «comprenden» lo que sucede en esos planos. En ambos casos, esas personas utilizan con gran sabiduría el principio de correspondencia, con el conocimiento y comprensión de lo que sucede en su propio plano.

En el campo de la brujería moderna, esta Segunda Ley nos advierte que no nos opongamos a la relación armónica entre los planos y nos aconseja actuar con prudencia y sabiduría en los intercambios energéticos.

TERCERA LEY: LA VIBRACIÓN

Esta es una de las leyes ancestrales que más ha confirmado recientemente la ciencia. Su tradicional enunciado «todo vibra, todo está en movimiento» coincide exactamente con la física atómica y la de las partículas. Y ya que estamos en ello, esa disciplina reconoce la existencia de partículas positivas y negativas (o antipartículas, que fundamentan la teoría de la antimateria). Algo muy similar sostiene la sabiduría universal sobre las vibraciones: las hay positivas y negativas, y una fuerza superior controla el equilibrio entre ambas.

Las energías positivas vibran a una frecuencia muy alta, con colores resplandecientes, luminosos, que no alcanzamos a ver por su gran velocidad (como no vemos las palas de un ventilador en acción). Las energías negativas vibran muy lentamente, emitiendo tonos oscuros que las ayudan a disimularse en las sombras de los rincones y en la oscuridad de la noche. Tal vez por eso el miedo está asociado a las horas nocturnas y a las tinieblas, y muchas personas se angustian o se deprimen sin razón aparente en el momento del crepúsculo.

Las brujas modernas trabajamos directamente con las vibraciones, y debemos saber cómo manejarlas. Si nuestras propias vibraciones son positivas, atraerán a otras vibraciones positivas, y viceversa. Y cuanto más altas, limpias y benéficas sean las vibraciones que emitimos y recibimos en ese intercambio, más fuerza tendremos para rechazar las vibraciones negativas.

CUARTA LEY: LA POLARIDAD

Vale la pena reproducir completo el lema de este gran principio universal, según lo expone Conny Méndez en uno de sus textos: «Todo es dual. Todo tiene dos polos, todo su par opuesto; los semejantes y los antagónicos son lo mismo. Los opuestos son idénticos en su naturaleza pero diferentes en grado. Los extremos se tocan. Todas las paradojas pueden reconciliarse».

En consecuencia, la dualidad es una gradación de la identidad, y esta el compendio de una dualidad. El típico ejemplo de que caminando hacia occidente se acaba por llegar a oriente expresa la gradación de la dualidad de la materia, que siempre se mueve en círculos, desde los átomos hasta los planetas. Las energías y los pensamientos superiores sostienen una dualidad vertical, que generalmente se mueve en forma de flecha. Pero esa apariencia de separación, de distanciamiento, acaba trazando un círculo, como las ondas de luz o las flechas del tiempo. «Algún día todo lo que ha sucedido volverá a suceder», proclama la antigua filosofía.

También en ese plano lo más alto se parece a lo más bajo y ambos se proporcionan una identidad. Un ejemplo práctico es la gradación de la temperatura: pocas cosas hay más opuestas que el calor y el frío, pero en su gradación más extrema ambos queman y se encuentran en el vacío absoluto.

Esta Cuarta Ley, tan interesante y profunda, ha dado mucho que pensar a las filosofías y cosmogonías, tanto a las expositivas como a las herméticas. Las brujas modernas debemos tenerla siempre en cuenta, porque nos dice que el bien es un reflejo del mal y que la serenidad contiene en sí a la violencia. En definitiva, que debemos tener mucho cuidado con las gradaciones y los movimientos envolventes de las vibraciones.

QUINTA LEY: EL RITMO

Este principio del universo parece haber inspirado el conocido párrafo del Eclesiastés que comienza diciendo: «Todo tiene su tiempo y todo lo que se hace bajo el sol tiene su hora». Y continúa: «...tiempo de nacer y tiempo de morir; tiempo de plantar y tiempo de cosechar; tiempo de herir y tiempo de curar; tiempo de destruir y tiempo de edificar...». El principio de la Quinta Ley es que todo se mueve como un péndulo, todo fluye y refluye de un extremo a otro, según el principio de polaridad. Y aunque rara vez se llega a alcanzar esos extremos, la oscilación entre ellos rige el universo y la vida, que avanzan y retroceden, se elevan y caen, mantienen un ritmo equilibrado y compensatorio.

El ejemplo más utilizado es el flujo de las mareas, que en realidad responden a la fuerza de la Luna, verdadero paradigma de la Quinta Ley: nace, crece, llega a la plenitud, mengua y vuelve a nacer. Al igual que la vida, la materia y el propio universo. En la brujería actual este principio se utiliza para aprovechar e impulsar esa ley de las compensaciones: si se ha sufrido mucho, toca ser feliz; si se está en un momento de plenitud, hay que prever y prevenir la decadencia.

SEXTA LEY: CAUSA Y EFECTO

Citemos otra vez a Conny Méndez: «La mente es un motor, y los pensamientos son la fuerza o energía que genera. Esta energía sale de nuestra mente en vibraciones, en ondas que, por obra y gracia de la Ley del Ritmo, regresan a nosotros trayéndonos el futuro que hemos creado anteriormente». Es decir, nuestros pensamientos, ideas y actitudes producen vibraciones que atraen o rechazan otras vibraciones, que volverán a nosotros, condicionando nuestra suerte en el porvenir.

Si nuestros pensamientos y actos generan vibraciones positivas, estas atraerán nuevas vibraciones positivas que nos ayudarán más adelante. Si lo que estamos emitiendo son ondas negativas, tendrán como efecto otras ondas negativas que se volverán contra nosotros. La sabiduría popular, tan cercana a menudo al conocimiento ancestral, expresa la intuición de la Sexta Ley en refranes como «quien siembra vientos, recoge tempestades», «el que a hierro mata, a hierro muere» o «quien mal anda, mal acaba».

Los renovadores de la magia moderna fundamentamos en el principio de causa y efecto nuestro absoluto rechazo a los hechizos de maleficio, que buscan perjudicar o castigar a alguien. Las vibraciones agresivas causarán un efecto de bumerán, a menudo sin alcanzar siquiera a nuestra supuesta víctima. Si esta realmente merece algún castigo, es porque a su vez ha emitido vibraciones negativas cuyos efectos la alcanzaran algún día. Las leyes del universo no necesitan de nuestra ayuda para cumplirse de forma inexorable.

SÉPTIMA LEY: LA GENERACIÓN (O PRINCIPIO FEMENINO-MASCULINO)

Nada puede existir sin un padre y una madre, en tanto principios masculino y femenino de generación. Esto debe entenderse en un plano simbólico, no de participantes en la reproducción biológica ni, menos aún, de diferencias de atributos en el plano sexual. El principio de la Séptima Ley sostiene que todo lo que existe en el universo tiene una base femenina y otra masculina. Esta generación doble y complementaria se da en el plano físico por las diferencias sexuales, pero en planos más altos alcanza formas más elevadas que expresan esa dualidad padre-madre que genera la indivisible identidad de pensamiento y sentimiento.

Esto no debe interpretarse de forma simple y prejuiciosa, en el sentido de que solo el hombre piensa y la mujer siente. En primer lugar, porque las ideas y las emociones no son tan divisibles como se suele creer, y la propia psicología actual lleva ya tiempo hablando de la «inteligencia emocional», lo que equivaldría también a una «emoción inteligente». El hombre y la mujer se complementan en un mismo plano, y en tanto seres humanos lo que importa no es su sexo, sino su persona. La palabra *género* tiene la misma raíz que *génesis*, y significa 'concepción', 'creación'. La generación necesita de los dos principios, el masculino y el femenino, con fuerzas iguales pero poderes distintos, cuya interacción permite el equilibrio y la armonía del universo.

La bruja moderna debe atender a la Séptima Ley buscando siempre esa dualidad. Descubrir la parte femenina en lo masculino, y viceversa, nos ayudará a completar y reforzar el poderío energético de nuestros hechizos.

LOS CUATRO ELEMENTOS DE LA NATURALEZA

En mi canal de YouTube, Instagram, Facebook y mi bloc, hablo de todos los elementos, no solo a nivel mágico, sino también a nivel psicológico: qué significan, qué son en nuestro cuerpo y cómo nos ayudan o perjudican. Cuanto más sepas sobre los elementos, mejor serán tu trabajos como bruja/o moderna/o, no solo en la magia, sino también en tu vida personal.

Los sabios y filósofos griegos clasificaron las fuerzas de la naturaleza en cuatro elementos básicos: la tierra, el agua, el aire y el fuego, que utilizaron para estudiar las leyes y los fenómenos naturales. Estos elementos aparecen con frecuencia en la Biblia y otros textos sagrados como instrumentos de los designios divinos, en especial para premiar o castigar las acciones humanas. La sabiduría ancestral diría que son los intermediarios que utiliza la energía universal para manifestarse en nuestro planeta, por medio de su propia naturaleza.

Los cuatro elementos, como todo lo que existe, son en su esencia pura energía en movimiento. Y por tanto emiten vibraciones, ondas características de cada uno de ellos, pero que forman parte de la energía universal. Son vibraciones muy fuertes e intensas, que interactúan entre sí y con las otras ondas energéticas astrales y terrenales, marcando en gran medida todos los acontecimientos que se han producido, se producen y van a producirse sobre la superficie de la Tierra.

La evolución de los seres vivos y el desarrollo de las civilizaciones humanas fueron el resultado de una negociación constante con los cuatro elementos, a veces sometiéndonos a ellos y otras veces dominándolos. Comenzamos comiendo los frutos de la tierra. Pero para cultivarlos necesitábamos el agua, traída por las nubes que arrastraba el aire. Para aprender a encender el fuego sobre la tierra utilizábamos el aire, y para apagarlo si nos amenazaba empleábamos el agua. Estos progresos que describimos como descubrimientos y aprendizajes conllevaron un intenso encuentro e intercambio de vibraciones, sucesivos y profundos cambios en el equilibrio del ámbito de energía universal que habita nuestra especie.

Los cuatro elementos siguen ahí, o mejor dicho, aquí, dándonos fuentes de vida al tiempo que nos recuerdan con sus catástrofes el poder soberano de la naturaleza. Las brujas modernas no solemos utilizar sus vibraciones directas en la práctica de un hechizo, pero debemos conocerlas y reconocerlas por su gran influencia energética. Las personas, y también las cosas, pueden estar marcadas con mayor fuerza por alguno de los elementos de la naturaleza. Aunque no practiquemos la astrología, sabemos que esta asigna a cada uno de ellos los cuatro sectores del Zodíaco y que todas las sabidurías, esotéricas o ancestrales, toman muy en cuenta su influyente poderío. Con un poco de experiencia e intuición podemos reconocer el elemento que rige las vibraciones en cualquier individuo (y en nosotras mismas). Hay personalidades de agua, caracteres de fuego, talantes de aire e idiosincrasias de tierra.

Pero de poco nos servirá ser lo bastante brujas como para adivinar estos signos, si no sabemos qué significa, por ejemplo, que alguien esté marcado por el aire. Es importante conocer el tipo de vibraciones de cada elemento y sus influencias sobre las personas. De eso vamos a hablar, brevemente, en las páginas que siguen.

LA MADRE TIERRA

Casi todas las culturas han reverenciado a la Tierra como diosa madre. Tanto en el sentido astral, en tanto planeta en el que nació y se desarrolló la vida, como en su vertiente nutricia, la tierra con minúscula que nos alimenta con sus frutos. Fueron generalmente los pueblos agricultores los que con mayor fervor adoraron a la Madre Tierra, y hubo que esperar siglos para que la ciencia ficción y la astronáutica recuperaran la visión astral de la Tierra como hogar planetario de la humanidad.

La Tierra, con su inmensa masa de materia orgánica e inorgánica, con su tremenda fuerza mineral, emite vibraciones muy potentes que participan con intensidad en el juego de la energía universal. Como toda madre, ejerce su fuerza para retener y conservar a sus hijos, pero también los nutre para que crezcan y se mantengan sanos. Las virtudes curativas de la tierra (en especial combinada con el agua, en forma de barro y arcilla) son conocidas y utilizadas desde la más remota antigüedad. Y no olvidemos que, según el Génesis, Dios creo al hombre soplando sobre un modelo de barro. Las vibraciones de la Tierra, tanto las positivas como las negativas, influyen para detener, arraigar, mantener las situaciones y a las personas en su estado actual, para que la energía de los otros tres elementos no consiga cambiar la naturaleza de las cosas.

Por tanto, deberemos apaciguar y neutralizar sus energías en todo hechizo con finalidad de cambio o transformación; pero podemos utilizarla a nuestro favor en los que tiendan a conservar una relación, retener a alguien, curar a un enfermo y, por supuesto, en los que busquen protección contra vibraciones negativas del aire, el agua o el fuego.

Muchas brujas modernas acostumbran a emplear un calzado de suela plana y delgada durante los hechizos, a fin de estar en mejor contacto con las energías terrestres. Algunas buscan la posibilidad de conjurar determinadas finalidades operando sobre un suelo natural o un patio o jardín terrosos, incluso con los pies desnudos.

Debe advertirse que estas opciones presentan el inconveniente de operar en espacios abiertos, en los que es más difícil crear ámbitos propicios y donde la fuerza del aire puede dispersar las vibraciones. Personalmente, en los hechizos llamados de «conservación y protección», prefiero utilizar un puñado de tierra, ya sea haciéndolo presente en una pequeña cazuela de barro, vertiendo un poco en el candelero de la vela o incluyéndolo en el saquito talismán, si es que se usa en el hechizo.

EL AGUA DE LA VIDA

Todos sabemos que el agua es un elemento esencialmente vital. La biología nos enseña que en ella se produjeron las primeras formas de vida y que nuestro propio cuerpo está formado principalmente de agua. Necesitamos beberla para seguir viviendo y disponer de ella para cultivar nuestros alimentos. En realidad, es el agua lo que hace nutricia a la tierra y atenúa sus energías negativas. Sus vibraciones son fluidas y fundamentalmente positivas; combinan bien con la tierra y el aire y dominan las fuerzas destructoras del fuego. Según el Génesis, el agua fue el elemento primordial: «Júntense en un lugar las aguas de debajo de los cielos, y aparezca la tierra seca».

Esa prioridad le otorga al agua unas notables virtudes curativas, especialmente cuando proviene del seno de la tierra (aguas termales y de manantial) y también unas intensas vibraciones, generalmente fluidas y receptivas, que se mezclan apropiadamente con casi todo tipo de energías. Estas vibraciones canalizan las energías destinadas a favorecer situaciones de cambio, a evitar interrupciones o sortear obstáculos, a la buena evolución de las convalecencias y en general a suavizar y orientar cualquier tipo de vibración que deseamos manipular favorablemente.

Un vaso de agua con una flor del color apropiado puede ayudar en el resultado de casi todo tipo de hechizos, y hay brujas que recogen agua de lluvia para utilizarla en hechizos relacionados con la gestación y los nacimientos. En cualquier caso, siempre es bueno beber un poco de agua mineral (por supuesto, sin gas) antes y después de la ejecución, o también antes de recitar el conjuro. Si se utilizan rosas u otras flores, conviene esparcir sobre los pétalos unas gotitas de agua.

LA MAGIA DEL AIRE

El tercer elemento de la naturaleza y de la vida es el aire, omnipresente e imprescindible para que ambas existan. No vamos a explicar su fundamental importancia para los seres vivos, pero sí recordar que su capa benéfica rodea y protege al planeta, y lo expande hacia el universo. El aire es así el ámbito en el que se mueven las vibraciones y a la vez el mensajero energético que las canaliza. A través de él nos llegan las ondas que pueden ayudarnos o perjudicarnos y podemos enviar nuestros mensajes mentales al plano astral. Forma el verdadero ámbito de nuestros hechizos y permite que se alcancen las finalidades que se proponen por el intercambio de vibraciones en su seno.

El aire, canal de todos los hechizos, favorece especialmente aquellos relacionados con el equilibrio universal y con los acontecimientos y personas que están lejos de nosotros, así como aquellos que exigen una resolución rápida o una respuesta inmediata.

Desde luego no podemos colocarlo sobre nuestra mesa mágica ni meterlo en un hatillo, pero es posible convocarlo agitando suavemente las manos mientras pronunciamos el conjuro o quemando en ese momento un palito de sándalo o una hierba adecuada para la finalidad.

Hay brujas que abren la ventana de su estancia antes de realizar un hechizo, para renovar las vibraciones aéreas. Otras la aromatizan, para predisponer favorablemente el aire que las rodea. Ambos recursos pueden ser válidos. También es aconsejable airear la habitación una vez terminada la ejecución, a fin de que el gran mensajero pueda llevar mejor nuestras vibraciones al encuentro de la energía universal.

LOS PODERES DEL FUEGO

A primera vista, el fuego parece ser el único de los cuatro elementos que no es fundamental para la vida y solo sirve para la violencia y la destrucción. Pero esa es una visión totalmente equivocada de este poderoso elemento, tan primordial para la vida como para la magia. No olvidemos que las vibraciones esenciales del fuego emiten el calor, y que sin este no hay forma de vida que resista. Ya sea desde los rayos llameantes del sol o desde las hogareñas llamas de una chimenea, el fuego ofrece a los seres vivos la calidez necesaria para poder vivir, actuar, sentir y pensar. Cuando la tierra, el aire o el agua bajan a temperaturas que amenazan nuestra supervivencia, solo el calor reconfortante del fuego es capaz de mantenernos vivos y activos.

El fuego es el gran convocador y emisor de vibraciones. Sin él es prácticamente imposible crear el ámbito para un hechizo, y menos aún llevarlo a cabo con cierto éxito.

Y aunque las brujas modernas ya no usamos hogueras ni fogatas para nuestros conjuros, es imprescindible la llama de una vela para que su fulgor atraiga y organice las energías que necesitamos.

Cuantas más velas encendidas utilicemos, más poder nos será transmitido. Pero tampoco se trata de despertar alegremente las violentas fuerzas del fuego. Hay que tener bastante experiencia y mucha prudencia a la hora de pasar de la vela imprescindible a las tres o cinco velas que potencian los hechizos mayores y superiores. Porque si no podemos dominar las vibraciones que convocan varias llamas, el hechizo puede no solo fracasar sino también volverse contra nosotras mismas o revertir nuestro deseo en su contrario.

LOS PUNTOS ENERGÉTICOS DE NUESTRO CUERPO

La fuerza de nuestras energías, que forman parte indivisible de la energía universal, se concentra simbólicamente en siete puntos que la sabiduría oriental llama chakras, término que significa 'rueda'. No se trata de puntos físicos, aunque tomemos como referencia para situarlos distintas zonas de nuestro cuerpo. Son puntos virtuales, sutiles, que generan y emiten ciertas vibraciones en forma de discos de un color determinado, que giran velozmente en el sentido de las agujas del reloj.

Estos puntos se alinean en la vertical central de la anatomía humana (siguiendo la línea vertebral), y su manipulación es totalmente mental. Su función es ayudarnos en el dominio de las propias vibraciones y en la capacidad de canalizarlas hacia el cumplimiento de nuestros deseos y necesidades. La visualización y el reconocimiento de los chakras se consigue con ejercicios de concentración, que exigen cierta paciencia, bastante voluntad y una gran capacidad de relajación. Se aconseja comenzar por «recorridos» que vayan de abajo arriba, intentando ver sucesivamente cada punto en nuestra mente. La visualización más frecuente es la de un círculo que gira en esa parte del cuerpo, concentrando vibraciones del color correspondiente, aunque esta imagen puede sufrir variaciones según el momento y el dominio del ejercicio (es posible que al principio todos los discos sean de un blanco luminoso o alguno de ellos permanezca quieto, sin llegar a girar).

Cuando dominemos una y otra vez el «recorrido» y los discos giren con intensidad y colorido, podremos convocar directamente a uno de ellos, el chakra que queramos utilizar para nuestro poderío y equilibrio. Las brujas modernas que dominan los puntos energéticos de su cuerpo acostumbran a concentrarse en el chakra favorable a la finalidad de cada hechizo, momentos antes de iniciar su ejecución. Veamos ahora la posición, color y dominio de los siete chakras (en metafísica los colores cambian, pero son los mismos efectos psíquicos; se trata de un tema muy interesante, también digno de estudio):

Primero: Situado al final de la espalda, coincidiendo con el coxis. Su color es el rojo y emite vibraciones relacionadas con la tierra, que favorecen la consolidación y la vitalidad. En el plano físico está vinculado con la base de la columna vertebral, que sostiene erguido y firme al cuerpo, y con la medula espinal como línea central de las terminaciones nerviosas.

Segundo: Situado debajo del ombligo, gira en un cálido color naranja. Sus vibraciones favorecen la creatividad artística e intelectual e incrementan el vigor y el placer sexual. Su posición próxima a los genitales puede aludir a la potencia y a la fertilidad.

Tercero: Se sitúa en el plexo solar (debajo del esternón). Su color es el amarillo intenso y domina todo lo relacionado con las emociones. Vinculado físicamente a los pulmones, libera de los ahogos y equilibra el ritmo de las pasiones.

Cuarto: Se llama chakra del corazón, aunque su lugar es el centro exacto del pecho, entre los pectorales. Su color es el verde esmeralda y sus vibraciones influyen en el amor, el odio y los sentimientos en general. Su símbolo físico es el latido que podemos sentir apoyando la mano sobre esa parte del cuerpo, y que se acelera en las situaciones que rige este cuarto chakra.

Quinto: Se ubica en la garganta o parte alta del cuello y debe alcanzar un nítido color azul celeste. Sus vibraciones rigen sobre el espacio personal, la comunicación interpersonal y la expresión de ideas y sentimientos. Todos hemos notado cómo se nos seca la garganta cuando no podemos expresarnos o necesitamos carraspear en situaciones difíciles de comunicación.

Sexto: Situado en el entrecejo, su color es el índigo y domina los poderes de videncia y la intuición. Ocupa el lugar en el que los lamas del Tíbet ubican el *tercer ojo* de la sabiduría, que ve todos los tiempos y todos los espacios. También es habitual que, por un atavismo inconsciente, nos oprimamos esa parte de la frente cuando queremos desentrañar algo que nuestros sentidos y nuestra razón no alcanzan a vislumbrar.

Séptimo: Su lugar es la coronilla o centro superior de la cabeza. Puede girar tanto en color violeta como en un blanco resplandeciente, y se vincula con la energía del cosmos y la vida espiritual. En el plano físico, es como si en ese punto se situara el hilo invisible que nos une con lo alto, el techo de nuestra mente.

LA INFLUENCIA DEL SOL Y LA LUNA

Los dos astros mayores de la sabiduría ancestral son el sol y la luna, dueños del día y de la noche y reyes indiscutibles del firmamento estelar. Numerosas civilizaciones de la Antigüedad adoraron a ambos como deidades superiores, a veces opuestas y a veces complementarias, pero siempre con un gran poder sobre la vida y los acontecimientos. En el nivel planetario, el sol es fuente de luz y de calor, dos elementos esenciales para el desarrollo de los seres vivos. La luna, por su parte, influye sobre muchos ciclos naturales y biológicos, así como sobre las actitudes y emociones de las personas y los animales.

Desde los tiempos más remotos los magos y las hechiceras han utilizado en sus encantamientos el poder de los astros mayores, sobre todo los crepúsculos solares y la especial magia de las noches de luna llena. Todos hemos visto alguna vez imágenes en las que brujas y brujos aparecen vestidos con sombreros y túnicas que llevan dibujos del sol, de la luna o de ambos, generalmente en un fondo de estrellas o constelaciones.

Esos símbolos representaban que el poder de los hechiceros venía de la energía del universo y, por otra parte, expresaban la estrecha relación entre las artes mágicas y los astros mayores.

Las brujas modernas no nos disfrazamos para hacer nuestros hechizos ni utilizamos signos esotéricos sobre nuestra persona. Pero eso no significa que no debamos tomar en cuenta la gran influencia del sol y la luna sobre las vibraciones que deseamos convocar y utilizar. Aunque la mayoría de los hechizos energéticos pueden ejecutarse con buen resultado a cualquier hora y en cualquier día del año, no está de más tener en cuenta las influencias de los astros mayores. A continuación resumo las características de ambos, para la bruja moderna que quiera utilizarlas, según sus posibilidades y finalidades.

EL SOL: REY DE LOS ASTROS

Aunque la tradición esotérica parecía huir de la luz del día, el sol ocupa un papel preponderante en los fundamentos de la sabiduría ancestral. Adorado por los astrónomos egipcios y por la mayor parte de las culturas antiguas, su lento recorrido por el cielo ha marcado el tiempo de las jornadas y su plenitud vertical a mediodía simbolizó siempre la fuerza vital y el poder invencible. Ya hemos expresado su imprescindible influencia en el plano físico, como fuente de la luz y el calor que necesitan las especies del reino animal y vegetal, y como estrella del sistema en el que gira y rueda nuestro planeta. Sin la atracción benéfica y equilibrada del sol, la Tierra sería un meteorito errante, un guijarro en el cielo, desprovisto de cualquier tipo de vida.

Durante todo el día, el sol emite vibraciones de altísima intensidad, cargadas de fuerza y poderío, que potencian los hechizos cuya finalidad se relaciona con el vigor, la vitalidad, la fertilidad, el poder físico y material, el éxito en cualquier actividad y la energía.

Los dos crepúsculos, el matutino y el vespertino, crean ámbitos sutiles que benefician la ejecución de determinados hechizos. En el amanecer, los que tienen como finalidad favorecer traslados y viajes, proteger una nueva actividad o tarea y llevar a buen fin embarazos y alumbramientos. En general, el crepúsculo matutino ayuda a todo aquello que sea un comienzo y tenga un devenir que deseamos favorecer. El atardecer es un momento mágico, favorable para hechizos delicados, que tengan como finalidad apaciguar la agresividad o la ira, proteger a los ancianos y también ayudar a los moribundos en su tránsito al más allá.

Las brujas modernas ejercemos una magia clara y luminosa, a la que en general favorece la luz del día. Pero si queremos emplear la influencia del sol, es importante que este aparezca en el cielo con toda su luz, sin interferencia de nubes ni otros fenómenos atmosféricos.

LA SUTILEZA DE LA LUNA

La luna, símbolo de lo femenino, ejerce un claro poder sobre nuestro planeta. Desde lo inanimado, como el movimiento de las mareas, hasta las actitudes de los animales y el estado de ánimo de las personas, el astro de la noche y sus distintas fases influyen decisivamente en la vida cotidiana. Particularmente reconocida es la influencia de las noches de luna llena, tanto en las leyendas y mitos del pasado como en la hechicería más actual.

La luna llena simboliza la fuerza serena del círculo perfecto. Su poderoso equilibrio se alcanza en el cenit de las cuatro fases lunares, que representan las etapas de la vida: luna nueva (el nacimiento y la infancia), luna creciente (la adolescencia y la juventud), luna llena (la plenitud adulta) y finalmente luna menguante (la madurez y la vejez). Esta última fase no representa la muerte, sino el camino para renacer. La ausencia de la muerte en la simbología de las fases lunares responde al principio de que la vida no muere, sino que se renueva. Es decir, vuelve a ser nueva, como la luna tras recorrer todo su ciclo.

Para la magia moderna, la luna es símbolo de la vida y de lo femenino. Es el astro que reina en la noche, alejando las tinieblas y ofreciendo una luz nueva en ausencia del sol. Por lo tanto, su influencia es decisiva en los hechizos que se relacionan con los sentimientos, la salud, la belleza y la serenidad interior. También es importante para desentrañar cuestiones sutiles o delicadas, que no pueden advertirse bajo la influencia resplandeciente del sol, y en general para todos los temas que tienen que ver con la vida interna, ya sea física o psíquica.

Bajo esta influencia general, es muy importante que la bruja moderna ponga mucha atención en las energías favorables que emanan de las distintas fases y etapas de la luna y a cuáles son los hechizos que pueden verse más potenciados en cada una de ellas.

Luna nueva: En esta fase inicial, la luna ejerce una gran influencia benéfica para realizar hechizos relacionados con la fertilidad, el embarazo (tanto para la madre como para el feto) y el parto feliz y sin incidentes. También es importante en aquello que tenga que ver con la protección de niños pequeños (enfermedad, viajes, etc.), su relación armónica con los padres y hermanos, su desarrollo escolar y social, etc. En general, la luna nueva ofrece una potente ayuda para la evolución sana y equilibrada del crecimiento infantil hasta llegar a la pubertad.

Luna creciente: Es la gran protectora de los adolescentes y los jóvenes, favoreciendo su adaptación a los fuertes cambios físicos, emocionales y también sociales que deben afrontar en esa etapa de la vida. Su influencia es muy favorable en hechizos vinculados con la vida sentimental y la iniciación sexual, las relaciones conflictivas con los padres, el éxito en los estudios y exámenes, la superación de la inseguridad, la búsqueda de una vocación apropiada, el rechazo de las drogas, el alcohol y el tabaco, y otros problemas que afectan a la inexperiencia y ansiedad de esta etapa de la vida.

Luna llena: Ha sido llamada «la reina de los hechizos», y desde siempre las noches de luna llena son las más poderosas cósmicamente, debido a la gran potencia de su carga energética. Ese poder la hace la más apropiada para resolver asuntos difíciles y complejos, aunque la gran cantidad de vibraciones de diverso signo nos obliga a ser extremadamente cuidadosas en la realización de los hechizos, para no provocar efectos negativos.

La luna llena protege con su gran poder a los adultos y jóvenes emancipados, especialmente en sus relaciones entre sí y también consigo mismos. Los hechizos relacionados con el amor, la pasión, la familia, la vida sexual, las desavenencias, los reencuentros, la enfermedad, la soledad, la depresión, etc., deben realizarse siempre que sea posible bajo la influencia de la luna llena. Como ya se ha indicado, es la fase lunar que representa la plenitud, el equilibrio absoluto, y por tanto la que posee mayor capacidad para ahuyentar las fuerzas negativas y restablecer la felicidad.

Luna menguante: En esta etapa la luna entra en declinación, al tiempo que sus energías se preparan para renacer en la luna nueva. Hay brujas que aseguran que esta fase lunar emana fuerzas muy especiales, dirigidas a conseguir una madurez emocionalmente serena y dichosa y a evitar el declive físico y psíquico que puede amenazar a las personas mayores. Según esta opinión, su luz leve y tranquila emite vibraciones que potencian los hechizos relacionados con el envejecimiento, las arrugas, el mantenimiento del amor y del placer sexual, la relación armónica con los hijos y los nietos, la felicidad de la pareja, la salud y, en general, el mejor aprovechamiento de la vitalidad y la sabiduría propias de esa etapa de la vida.

Dicho esto, personalmente yo acostumbro a abstenerme de realizar hechizos de luna importantes durante el cuarto menguante. No porque esa fase pueda influir negativamente, sino porque las vibraciones lunares declinan y prefiero aprovechar su mayor influencia durante las otras fases.

No es imprescindible que los hechizos de luna se realicen durante la noche, aunque puede resultar aconsejable. Si por alguna razón nos vemos obligadas a efectuarlos de día, bastará con asegurarnos que la luna esté en la fase que deseamos. Este astro permanece siempre allí, aunque el potente resplandor nos impida verlo.

Quizá debamos concentrarnos con mayor esfuerzo en él, o repetir el conjuro una o más veces, a fin de canalizar unas vibraciones algo más débiles y dispersas.

Las vibraciones de la luna, en sus distintas etapas, favorecen también los hechizos relacionados con personas de las edades que sus fases simbolizan. Pero la energía serena del astro de la noche potencia muy especialmente las relaciones personales íntimas, y su carácter femenino apoya con especial fuerza los hechizos vinculados a los sentimientos, las emociones, la situación y los deseos de la mujer.

LAS «OTRAS VIDAS»

Si aceptamos que el universo es pura energía en acción, y que cada uno de nosotros forma una parte de esa energía, acotada por el cuerpo físico y mental, la lógica nos lleva a sostener que nuestra energía vital es tan eterna como el universo. Es decir, que al morir la envoltura corporal esa energía queda libre para reintegrarse al todo energético astral. La idea de que «algo» nuestro continúa existiendo después de la muerte física ha impregnado todas las religiones y creencias, con diversas explicaciones y nombres: alma, espíritu, soplo, espectro, sombra, etc. Una de las tradiciones más arraigadas es la que presenta a la vida como un círculo o una rueda en los que vamos encarnando sucesivos seres a lo largo del tiempo. Para algunas religiones, entre ellas el cristianismo y el hinduismo, ese girar solo se detiene al alcanzar la perfección. No olvidemos que la profesión de fe del catolicismo, el credo, incluye entre sus dogmas «la resurrección de la carne» y «la vida perdurable». No es, por cierto, una exclusiva de la Iglesia romana.

Desde el campo agnóstico, o laico, aparecen también varias explicaciones que intentan dar cuenta del misterio de la vida y la muerte. Por ejemplo, la metempsicosis, o reencarnación del ser que aparentemente muere en otro ser que está naciendo, aspiró a un cierto estatus científico en su momento de mayor auge. A finales del siglo XIX se hizo muy popular el espiritismo, que hacía posible la comunicación con el espíritu o «ectoplasma» de los seres queridos (en el que, por cierto, la casi totalidad de los «médiums» eran mujeres).

Desde hace ya un tiempo existen casos muy interesantes de regresiones en personas que en determinadas circunstancias recuerdan episodios de sus vidas anteriores, y son cada vez más los médicos y científicos que se interesan por lo que suele llamarse «el tránsito al más allá». El estudio de casos de individuos que han rozado el límite de la muerte física es cada vez más frecuente, gracias a las nuevas técnicas de reanimación de accidentados y de recuperación de enfermos que se suponían terminales. Todos ellos describen ese tránsito como un momento de gran luminosidad y paz interior.

REGRESAR AL PASADO

Cada uno de nosotros es lo que ha sido. Nuestras vibraciones pueden haber sido bloqueadas negativamente o impulsadas hacia lo positivo, según las experiencias vividas durante la infancia y los primeros años de nuestra vida, y también durante el desarrollo del feto y el acto del nacimiento. Hasta aquí nos movemos en un campo que coincide con las teorías freudianas y las prácticas psicoanalíticas que —desde luego sin hablar de «vibraciones»— otorgan un papel fundamental en sus terapias a la recuperación del pasado. La memoria bloqueada de sucesos que nuestra mente infantil rechazó hasta la negación, forma «nudos» que para Freud desatan las neurosis y para la sabiduría ancestral emiten vibraciones negativas.

Es un buen recurso que, por nosotras mismas o con ayuda terapéutica, aprendamos a regresar al pasado, que entrenemos una y otra vez el recuerdo de nuestra propia historia, para encontrar los nudos y bloqueos, y liberar nuestras energías positivas y favorables. Nuestra vida es un camino circular, y todo caminante sabe que no debe tropezar dos veces con la misma piedra.

Las regresiones plantean a veces una cuestión delicada, que se relaciona con lo que decíamos antes sobre la muerte física y la reencarnación. Existen casos comprobados y publicados de personas que han conseguido recordar «vidas anteriores», a veces con detalles de época y conocimientos históricos que resulta imposible explicar en su vida actual. Yo, como psicoterapeuta de terapia regresiva, he vivido en mi consulta con muchos pacientes algunas de estas experiencias, y puedo asegurar que es difícil sustraerse a la fascinación de alguien que relata una vida anterior, generalmente en un estado de trance, con visualizaciones vívidas de lo ocurrido cientos de años atrás. Podría escribir otro libro sobre las experiencias recopiladas de algunos de mis pacientes.

Se puede argumentar que esas regresiones son en realidad alucinaciones, fantasías del sujeto que las visualiza y las describe (aunque estas no son mis creencias ni experiencias). Pero en última instancia eso no es lo importante. Ya sea esa memoria del pasado real o virtual, su validez reside en poder recuperarla, «regresar» a ella, porque allí hemos depositado los nudos que afectan a nuestras energías vitales y por lo tanto a nuestro equilibrio y a nuestra capacidad para disfrutar de la vida.

HOGUERAS Y AQUELARRES

No fue por casualidad que la persecución más feroz de las poseedoras de la sabiduría ancestral se iniciara en el Medievo, la época más oscura y tenebrosa en la historia de la humanidad. En esos siglos de ignorancia, de guerras continuas, de cerrado dogmatismo, de represión y opresión de la libertad de las personas y de las mujeres en particular, cuando reinaban la peste, el hambre y la muerte, el poder dominante culpó a las brujas de todos esos males. Las persiguió con una saña brutal, quemándolas públicamente en hogueras «purificadoras» después de someterlas al escarnio y la burla de unas gentes tan fanáticas e ignorantes como sus omnipotentes amos.

Fue entonces cuando se acuñaron términos como *magia negra*, *ocultismo*, *aquelarres*, etc., y cuando se acusó a las mujeres sabias y dotadas de mantener alianzas satánicas y de utilizar poderes maléficos. De esta forma obligaron a la hechicería, que tradicionalmente había sido benéfica, luminosa y respetada, a ocultarse en reuniones nocturnas, a esconder sus actividades, a abjurar del conocimiento cósmico, so pena de que sus practicantes fueran sometidas a la humillación y al martirio.

Pero pese a esa abrumadora campaña de desprestigio y persecución, la gente del pueblo siguió acudiendo, a escondidas, a pedir el consejo y la ayuda de las adivinas, hechiceras y sanadoras, para aliviar sus males. Tal vez porque, aunque sometidos a la ignorancia, mantenían la intuición del ancestral poder cósmico depositado en ellas. Sin duda, porque las brujas realmente curaban sus males, les advertían de los peligros que los acechaban y los ayudaban con sus artes secretas a defenderse de un destino infortunado.

La paradoja es que también los ricos y los poderosos creían en el poder de las brujas. Muchos de ellos, emperadores, reyes, nobles, grandes banqueros, ricos mercaderes e incluso los propios jueces y jerarcas que formaban los tribunales contra la brujería, consultaban en persona o a través de sirvientes de confianza a las adivinas y brujas.

SABIDURÍA ANCESTRAL Y CIENCIA OFICIAL

Durante muchos, muchísimos siglos, la búsqueda de la verdad y del conocimiento no hizo distinciones entre la ciencia y la hechicería, y ambas fueron perseguidas por igual por las autoridades dogmáticas y oscurantistas. Los primeros químicos y físicos, llamados alquimistas, confiaban en los poderes de ciertos metales y sabían que la materia estaba impregnada de energía, como lo saben los científicos actuales. Los primeros biólogos y anatomistas que buscaban el secreto de la vida fueron a menudo juzgados y condenados por su ansia de conocimiento. Los filósofos griegos, fundadores del pensamiento occidental, consultaban los oráculos y confiaban en la sabiduría de las pitonisas. La farmacología nació de los experimentos de los druidas, y muchos elementos de la medicina y la psicología responden a conocimientos antiquísimos, desarrollados en Oriente por sanadores y gurús. Los principios de la astronomía fueron establecidos por astrólogos egipcios y caldeos que, de paso, observaron la influencia de los astros sobre las mareas, la meteorología y, principalmente, la conducta y el destino de las personas.

Incluso Galileo, que a partir de antiguas cosmogonías fundó su teoría de que la Tierra giraba alrededor del sol, tuvo que abjurar de ella, acusado de hereje y de hechicero. El propio Cristóbal Colón basó su empresa en la idea de la esfera del mundo de las viejas cartografías hebreas, y los «sabios» de la época se mofaron de él. Charles Darwin debió sufrir escarnio y burlas de la comunidad científica (¡en pleno siglo XIX!), por sostener lo que ya sabían cinco milenios antes los magos chinos: que todos los seres vivientes provienen de un polo original de energía vital, y que se han desarrollado y evolucionado a través de su relación positiva o negativa con el impulso de las fuerzas cósmicas.

La ruptura entre la ciencia oficial y la sabiduría ancestral se produjo solo en los dos últimos siglos, cuando el llamado «racionalismo» adquirió prestigio y poder, tanto en el plano cultural como en el político, y envió al desván de la superchería al resto del conocimiento ancestral. Es entonces cuando se empezó a hablar con desprecio de la sabiduría «esotérica» (palabra que significa 'oculto', 'reservado', y que se aplicaba a la doctrina que los filósofos de la Antigüedad comunicaban a unos pocos discípulos) y de la ciencia «infusa», que es la que se adquiere por medios extrahumanos. Debe decirse que la ciencia esotérica nunca rechazó el uso de la razón como cualidad esencial del conocimiento, ni el razonamiento como la mejor forma de entender y de aplicar las fuerzas que actúan dentro y fuera de las personas. Solo que siempre supo que, como Hamlet le decía a Horacio: «Hay más cosas entre el cielo y la tierra de las que sabe la filosofía» (en este caso Shakespeare llama filosofía al conjunto de conocimientos que se enseñaban en la época).

La llamada ciencia oficial o racional, en cambio, aceptaba como verdad solo lo que era «demostrable experimentalmente», prejuicio que la llevó a cambiar una y otra vez sus teorías a medida que disponía de alas y mejores instrumentos de comprobación. Los viejos diccionarios novecentistas aún definían el átomo como «la unidad mínima e indivisible de la materia», por no hablar, precisamente, de la antimateria, los enigmáticos agujeros negros o las inacabables discusiones sobre el origen del universo, de la vida o del propio *Homo sapiens*, que cada vez se remonta a más milenios.

Todos sabemos que hay enfermedades y curaciones que la medicina no puede explicar, que la neurología solo tiene nociones parciales del funcionamiento de la mente humana o que la física apenas ha comenzado a expresar sus dudas sobre la conducta de las partículas negativas. Y esto solo por mencionar las ciencias que más han avanzado en los últimos años y han tenido por tanto el valor de expresar sus incertidumbres.

Dejamos para el final la astrofísica, porque puede ser tal vez el camino del Gran Reencuentro. Actualmente, acepta la existencia de una intrincada y desconocida red o estructura de radiaciones, ondas, fuerzas y energías cósmicas, producidas por el *Big bang* o gran comienzo universal y guiadas por el equilibrio o el enfrentamiento entre los astros, constelaciones y galaxias. Cualquier bruja o brujo del pasado diría: «Eso ya lo sabíamos, sin tantos telescopios, superordenadores ni naves espaciales».

En conclusión podemos decir que la ciencia oficial de hoy —y sobre todo la de mañana mismo—, a partir de visionarios de este siglo y del anterior, como Einstein, Freud o Hawkins, se acerca cada vez más al principio fundamental del conocimiento cósmico: «No todo lo que puede verse es verdad, y la verdad no está solo en lo que puede verse».

VI

Y si quieres ser un poco más bruja...

Este capítulo final se aparta de los conocimientos y ejercicios necesarios a la hora de realizar los hechizos de la magia moderna, para adentrarse un poco en el campo de la interpretación de signos y la adivinación. Es decir, incluye algunas nociones básicas sobre artes ancestrales como la quiromancia y la cartomancia, que te permitirán ser —y parecer— un poco más bruja.

LO QUE LLEVAS ESCRITO EN TI

Las antiguas sabidurías orientales, especialmente la china, han dedicado tratados completos a la interpretación de los signos del rostro, el cuerpo y, fundamentalmente, las manos. Lo que sigue es un resumen de algunos principios básicos para poder leer lo que llevamos escrito en nosotros.

LA GEOGRAFÍA DEL ROSTRO

Los chinos utilizan la metáfora geográfica para interpretar los distintos rasgos del rostro. Este se divide, simbólicamente, en cinco montañas y cuatro ríos. Las montañas corresponden a los puntos cardinales, con el mentón al norte, la frente al sur, las mejillas al este y oeste y la nariz, claro está, al centro. Los ríos corresponden a los rasgos sensoriales: las orejas, los ojos, la boca y la nariz, que retiene en sí las dos metáforas geográficas.

Un rostro armonioso (no necesariamente «bello») debe mostrar un equilibrio entre las cinco montañas, y sus ríos dejar fluir un agua clara y limpia. En el lenguaje simbólico esto significa que el conjunto del «mapa» debe reflejar serenidad, placidez, sabiduría y sensibilidad, sin que ningún rasgo se imponga sobre los otros y todos se compensen entre sí.

Esto no debe entenderse como una lectura de la cara que la genética y la naturaleza nos han dado al nacer, sino como una lectura «expresiva» de lo que hemos hecho a lo largo de la vida con nuestros rasgos y su expresividad. Las tensiones musculares, rictus, gestos, etc., van redibujando nuestro rostro, arrugando aquí y estirando allá, dando brillo u opacidad, fortaleciendo o debilitando determinadas zonas. Por eso se suele decir que al llegar a la edad adulta una persona es ya responsable de su propia cara.

La frente: Esta zona superior del rostro refleja nuestro interior por dos características: el tono de la piel y la dirección de las arrugas. Una piel tersa y limpia indica bondad, inocencia e incluso candidez. La piel seca denota frialdad, intelectualidad y poder de decisión, mientras que la muy húmeda puede ser indicio de nerviosismo y desequilibrio interior.

La frente muestra surcos o líneas en todas las edades. Dos o tres líneas paralelas significan equilibrio y armonía, pero si los surcos horizontales son abundantes, pueden representar alegría y buen humor. Si son muy profundos, reflejan inseguridad y falta de equilibrio. Las líneas verticales, que generalmente se presentan en el entrecejo, expresan tanto una personalidad reflexiva y de gran fuerza interior como también el sufrimiento y la angustia. Finalmente, los surcos diagonales o quebrados indican una personalidad desequilibrada o que ha pasado por acontecimientos trágicos sin poder superarlos.

Los ojos: Se los ha llamado «el espejo del alma» porque al margen de su forma, tamaño y color, reflejan en gran medida la personalidad de cada uno, para quien sabe leerlos. Se puede tener una mirada luminosa a cualquier edad, y hay niños de mirada opaca y oscura. La claridad y limpidez de los ojos es un signo de salud física y mental, de honestidad vital e interés por lo que nos rodea.

Muchas enfermedades del cuerpo y del alma se reflejan en los ojos por medio de diversos detalles: manchas, falta de brillo, coloración amarillenta, pupilas turbias, etc. Todos estos signos responden también a sentimientos y actitudes producidos por vibraciones negativas. La presencia de venillas en el blanco del ojo suele coincidir con una personalidad desequilibrada y ambiciosa, mientras que lo que llamamos «ojos enrojecidos» –si no es por el llanto o por una situación concreta– expresa un carácter pesimista y angustiado.

La boca y los labios: Son sin duda el rasgo más expresivo de los sentimientos y actitudes actuales y concretos. La alegría, el desdén, el asombro, la pena, el enojo y, de hecho, todas las emociones se reflejan fundamentalmente en los movimientos de los labios y la posición de la boca. El antiguo teatro griego representaba la tragedia mediante una máscara con los labios curvados hacia abajo y la comedia con la misma careta con las comisuras hacia arriba. Porque lo que hemos vivido, lo que pensamos y sentimos, expresado en miles de muecas de nuestros labios, va dejando un rictus que se hace permanente y definitivo en nuestro rostro.

Quien ha reído mucho y disfruta de la vida, con un talante abierto y alegre, llevará una casi permanente sonrisa, quizá con pequeñas arrugas junto a las comisuras, y la parte baja de las mejillas bastante tersa y llena. Por el contrario, las personas más sufridas y amargadas tenderán a instalar en su boca la curva «trágica», de labios apretados y mejillas hundidas bajo los pómulos. Cualquiera que sea la boca con que hemos llegado al mundo, parece comprobado que a las personas sensuales y despreocupadas se les engrosan los labios, mientras que a las muy mentales y reflexivas se les afinan.

Los otros rasgos: Aunque los textos chinos abundan en interpretaciones de cada rasgo o rincón de la cara, y el criminólogo italiano Cesare Lombroso llegó a clasificar la inclinación a la delincuencia según las facciones o la forma del cráneo, no quisiera entrar aquí en ese tipo de prejuicios o predeterminaciones relacionados exclusivamente con los azares de la anatomía. No creo que se pueda saber nada de alguien por sus orejas, sus cejas o su nariz, pese a los dichos populares sobre la nariz rojiza de los bebedores y vividores, la frente estrecha de los ignorantes o el mentón acusado de los valientes y decididos.

QUIROMANCIA: EL DESTINO EN TUS MANOS

La lectura de las líneas de la mano es una de las técnicas más difundidas de interpretación y adivinación, tanto en Oriente como en Occidente. Aparte de que podamos creer o no en sus designios, puede ser un recurso para iniciar un diálogo existencial con la persona a la que queremos ayudar, así como un juego ameno y fascinante si deseamos ejercer un poco de «brujería de salón». Existen muy buenos libros y maestros para quienes quieran profundizar en este antiguo arcano, por lo que aquí expondremos solo algunos de sus principios elementales.

Las seis líneas básicas: La lectura de las líneas del destino se efectúa habitualmente sobre la mano izquierda extendida. La mano derecha puede servir para confirmar, afinar o matizar lo que se lee en la izquierda. Las seis líneas básicas, cuya lectura es suficiente para realizar una interpretación bastante completa, son las de la vida, el corazón, la cabeza, la profesión, el triunfo y el matrimonio. Son fundamentales y regentes las tres primeras, las cuales influyen sobre la lectura de las otras tres, que son secundarias.

La línea de la vida: Es la que rodea la base carnosa del pulgar (monte de Venus), desde el espacio que hay entre este dedo y el índice hasta el centro de la base de la mano. La mejor predicción es para aquella cuyo dibujo es largo y profundo, sin interrupciones ni cruces de otras líneas. La longitud de la línea simboliza la duración de la vida, que se lee cronológicamente de arriba abajo. Si hay un corte o interrupción, es la parte superior la que indica la longevidad que se alcanza, aunque ese corte puede representar también una grave enfermedad o tragedia, y no necesariamente el fin de la vida. Los cruces transversales, bifurcaciones, zigzags o ramificaciones representan momentos importantes en el transcurso de la vida, que tanto pueden ser dichosos como desdichados, según su relación con las otras líneas.

Línea del corazón: Es la más alta de las dos líneas que cruzan horizontalmente la mano, algo más arriba de su centro. Lo importante para su interpretación es hacia dónde se dirige, leyendo de derecha a izquierda. Si su extremo se curva hacia la base del dedo medio, significa un amor muy intenso, con una actitud posesiva. Si se detiene en un punto entre el dedo medio y el índice, denota un amor más abierto y generoso, aunque exigente de fidelidad. Si va directamente a la base del índice, indica amor confiado y seguro. Si sigue camino hacia el borde, atravesando prácticamente toda la mano, es signo de una pasión muy fuerte y celosa. Y si se inclina hacia abajo, hacia la línea de la cabeza, significa inconstancia y veleidad en el amor.

Línea de la cabeza: Muchos la consideran más importante que la línea de la vida para determinar la salud y la longevidad. Su recorrido nace en el borde entre el pulgar y el índice, y atraviesa horizontalmente la palma, debajo de la línea del corazón. Es bueno que sea larga y profunda, lo que expresa mayor equilibrio y sabiduría. Las interrupciones pueden significar problemas psíquicos o grandes conmociones, aunque si las atraviesa otra línea pequeña, representa que alguien nos ayudará a superar ese mal momento.

Las líneas menores: La línea de la profesión nace en el centro de la base de la mano y sube verticalmente hasta tocar o cruzar la línea de la cabeza, en dirección a la base del dedo medio. Su longitud y su fluidez o alteraciones representan los avatares de la profesión en sentido amplio (vocación, estudios, trabajo, aficiones, creatividad, etc.). Esta línea va acompañada de la línea del triunfo o el éxito, más o menos paralela a ella y en dirección a la base del anular. Su lectura complementa o matiza la interpretación del destino profesional, en el sentido del éxito económico y el reconocimiento público.

La línea del matrimonio, o de la pareja, es un trazo breve pero marcado entre la base del meñique y la línea del corazón. Su longitud y su trazado indican la duración y la estabilidad de nuestra vida matrimonial, y sus bifurcaciones, si las hay, el número de parejas que tendremos. Hay quien dice que cerrando la mano en puño y contando las pequeñas arrugas que se crean entre esta línea y la que forma la base del dedo meñique, sabremos cuántos hijos tendremos.

LO QUE PUEDEN DECIRNOS LAS CARTAS

Nadie sabe si la baraja de cartas o naipes se utilizó primero como instrumento para juegos de ingenio y azar o como código arcano para la adivinación, llamado en este caso cartomancia. Nacidas según parece en la India (con forma circular), se extendieron por toda Asia y el Próximo Oriente y se hicieron populares en Europa a partir del Medievo. Desde entonces se han impuesto dos tipos de baraja: la francesa, de cincuenta y dos naipes, y la española, de cuarenta y ocho. Ambas se dividen en cuatro palos, y además de los números llevan tres figuras que representan un rey, una reina y un príncipe o paje. En España, la cultura gitana ha conservado el arte de la interpretación y la adivinación por medio de las cartas españolas, cuyos palos son oros, copas, espadas y bastos. La otra gran baraja adivinatoria es el tarot, exclusivamente esotérica y ligada a una cosmogonía nacida en la Alta Edad Media.

ADIVINACIÓN POR LOS NAIPES ESPAÑOLES

La cartomancia a través de las cartas españolas es muy rica y compleja. Los distintos tipos de suerte varían en la disposición y número de cartas empleadas; llega a utilizarse toda la baraja en distintos montones, que se van leyendo y relacionando sucesivamente. Aquí expondremos un método sencillo y eficaz, ya que permite tanto responder a una pregunta cómo hacer una adivinación de destino.

El método de las cinco cartas

Primero se deben entremezclar las cartas bocabajo sobre la mesa y luego recogerlas una a una formando la baraja. Si se va a interpretar el destino de otra persona, conviene que esta corte una vez el mazo. Luego el que lee las cartas coloca en hilera cinco de ellas. Hay escuelas que eligen las cinco de arriba, otras las cinco de abajo y otras las hacen escoger por el interesado, ofreciéndolas en abanico.

Se descubren una a una las cartas, empezando por la del centro y luego de derecha a izquierda. Aquí ya podemos responder a la pregunta del consultante. Si la mayoría de las cartas con sentido (figuras, ases, copas, ciertos números y los oros con efigie en algunos naipes) están cabeza arriba, la respuesta es afirmativa. Si predominan las que están cabeza abajo, es negativa. Si hay empate o faltan figuras definidas, se debe tirar de nuevo, hasta tres veces. Si no se consigue una respuesta clara, es porque de momento no la hay.

Para la adivinación del destino, las cartas deben leerse de la siguiente forma: la del centro representa el presente y es la clave que rige la lectura de las demás. Las de la derecha hablan del pasado y las de la izquierda del futuro. Las más próximas a la carta central están también más cercanas en el tiempo. Nunca se debe explicar una sola carta, sino leer el conjunto y relacionar los cinco significados entre sí, referidos siempre a la carta clave del centro. Si una carta sale al revés, puede significar lo contrario, o solo una dilación en el tiempo. No se trata simplemente de decodificar, sino también de relacionar e interpretar, ayudándose de la concentración y la intuición.

Los significados básicos de las cartas españolas son los siguientes, según el manual recopilado por Emilio Salas:

Oros: Es un palo generalmente positivo, aunque un tanto inestable. Se apoya bien en los bastos y pierde fuerza en las espadas.

As: Triunfo y felicidad, riqueza.
Dos: Estorbo, impedimentos, también noticias.

Tres:	Dignidad, poder, renombre.
Cuatro:	Presentes de poco valor, oposición, incertidumbre.
Cinco:	Amor, ternura, cariño.
Seis:	Regalos valiosos, suerte, egoísmo.
Siete:	Amor inesperado, inconstancia.
Ocho:	Ganancia, dinero, intervención familiar.
Nueve:	Logro importante, viaje imprevisto por necesidad.
Sota:	Problemas con una persona rubia (superables, si la carta está al derecho).
Caballo:	Mensajero portador de buenas noticias (o malas, si está cabeza abajo).
Rey:	Un hombre quiere hacerte daño (cabeza abajo, lo conseguirá).

Copas: Podría definirse como el palo de la suerte, siempre que las otras cartas lo acompañen.

As:	Alegría, júbilo, festejos.
Dos:	Amor, deseo, contratiempos sentimentales.
Tres:	Triunfo, satisfacción, curación.
Cuatro:	Contratiempos, tribulaciones, también nuevas relaciones.
Cinco:	Herencia o matrimonio, visita familiar.
Seis:	Fidelidad de la persona amada, sinceridad en la pareja.
Siete:	Amistad, satisfacciones, aventuras galantes.
Ocho:	Reconciliación, alegría.
Nueve:	Sorpresa agradable (al revés, desagradable).
Sota:	Intervención de una persona rubia.
Caballo:	Llegada de una persona importante.
Rey:	Alguien generoso intentará hacerle un bien al consultante.

Espadas: Es duro e implacable como su símbolo, pero hay que saber equilibrar sus signos negativos con la fuerza de los otros palos de la tirada.

As: Problemas de amor, conflictos, posible embarazo en la mujer.

Dos: Buenas amistades, que pueden ser falsas si la carta sale al revés.

Tres: Separación, extravíos mentales o sentimentales.

Cuatro: Soledad, abandono, problemas económicos.

Cinco: Luto, llanto, algún tipo de tragedia.

Seis: Viajes, noticias, proposición de matrimonio.

Siete: Noticias y consejos; desavenencias si sale junto a una carta de oros.

Ocho: Dificultades o enfermedad, obstáculos en el amor.

Nueve: Misticismo, religiosidad. Al revés, problemas con la autoridad.

Sota: Un extraño entra en la vida del consultante; debe analizar con cuidado sus intenciones.

Caballo: Disgustos a causa de una persona joven.

Rey: Relación con alguien poderoso; debe procurar entenderse con él.

Bastos: Es un palo variado y flexible, como la vida misma. Su interpretación depende de la persona y del momento, más que de las otras cartas que lo acompañan.

As: Ganancia, dinero; al revés, un retroceso.

Dos: Problemas y pesares inesperados.

Tres: Buenos resultados y fin de padecimientos.

Cuatro: Fiesta, alegría, fortuna inesperada.

Cinco: Éxito material. Al revés, pleitos o envidia a causa de ese éxito.

Seis: Infidelidad, cambio de sentimientos, noticias desagradables.

Siete: Buenas expectativas y éxitos seguros. Pero cuidado con la indecisión.

Ocho: Discusiones de amor o de pareja, que pueden acabar reanimando la relación.

Nueve: Acierto y fortuna en la profesión o negocio; el consultante debe cuidar el dinero que obtenga.

Sota: Un nuevo amor de alguien joven, que puede ser muy celoso.

Caballo: Esfuerzos inútiles y abandono. Posible conflicto amoroso y separación

Rey: Alguien importante ayudará al cosultante.

LOS SECRETOS DEL TAROT

Según Félix Llaugé, patriarca europeo de la magia azul y maestro tarotista, «el tarot es el arte o método oculto a través del cual se intenta adivinar los hechos pasados, presentes o futuros, por medio de cartas o naipes que reproducen imágenes, figuras o escenas que a la vez representan los símbolos arquetipos o básicos, o más antiguos, o eternos, del destino humano». Como se ve, el reverenciado patriarca utiliza una definición objetiva, nada esotérica y bastante prudente, centrada en la acción de «intentar adivinar» ayudándose de una interrelación entre arquetipos ancestrales.

La profunda sabiduría del tarot es su falta de rigidez, la libertad que otorga al ejecutante para ejercer su imaginación y su intuición en la lectura de las cartas, asumiendo la responsabilidad de la interpretación. No se trata de leer un código predeterminado, sino de inspirarse en él para conjugar una definición no prevista, es decir, profundamente mágica.

Disposición de las cartas: La baraja del tarot consta de setenta y ocho naipes o arcanos, de los cuales veintidós son mayores y cincuenta y seis menores. Los principiantes y ejecutantes sin grado de magia azul suelen limitarse a los arcanos mayores, que es lo que haremos en esta introducción básica al tarotismo. La baraja se dispone bocabajo en dos hileras de once cartas cada una, o en dos filas de siete y una de ocho, según el espacio disponible y el talante del tarotista.

La interpretación: Lo que sigue es un verdadero ejercicio superior de concentración y de liberación mental. El ejecutante debe contemplar las cartas, concentrándose en el problema concreto que desea dilucidar (una relación, un viaje, una decisión compleja), sintiendo que sus vibraciones se fortalecen y se centran en esa cuestión. A continuación debe dejar que su mano izquierda «elija» una carta y la descubra. Si la lectura y su interpretación ofrecen dudas (no porque sean negativas, sino porque no están claras), se puede escoger otra carta de apoyo, y en algún caso una más. Pero nunca se ha de analizar un solo tema con más de tres cartas, suficientes para que nuestra intuición y nuestro conocimiento subyacente puedan interpretar el asunto en cuestión.

Los arcanos mayores: Por alguna razón, las cartas de los veintidós arcanos mayores del tarot se numeran del cero al veintiuno, utilizando números romanos. Como es sabido, llevan un nombre y una imagen alegórica en el estilo más o menos medieval, que también parece inspirar a los naipes franceses. Veamos sus distintos significados:

El loco (no lleva número). Desequilibrio, infantilismo, neurosis, proyectos alocados, en general falta de madurez.

I. El mago. Astucia, flexibilidad, diplomacia, quizá hipocresía, pero también creatividad, iniciativas y capacidad para emprender.

II. La sacerdotisa (o La papisa). Intuición, vida interior, estudios, facultades parapsicológicas. También paciencia, prudencia y discreción.

III. La emperatriz. Fertilidad, maternidad, responsabilidad. Bienestar, refinamiento, fortaleza de carácter. También resistencia y fuerza de voluntad.

IV. El emperador. Mando, poder, popularidad, grandeza. También afirmación de sí mismo, ambición, egoísmo y firmeza de propósitos.

V. El sumo sacerdote (o El papa). Austeridad, sacrificio, sobriedad, espiritualidad. También inspiración creativa y espiritual, tolerancia y comprensión.

VI. Los enamorados (o Los amantes). Amor, pasión, sexo, atracción simultánea por dos personas. También infidelidad, mal de amores y antagonismo entre socios.

VII. El carro (o La carroza). Viajes, desplazamientos, mudanzas, camino hacia delante. También triunfo, éxito, providencia, ayudas de otras personas.

VIII. La justicia (o Las balanzas). Equilibrio, armonía, sentido común, equidad. También moderación, frugalidad y asuntos relacionados con la administración o los tribunales.

IX. El ermitaño (o El fraile). Frugalidad, austeridad, escasez de recursos, sobriedad, conformismo. También religiosidad, misticismo, paciencia. En los hechos, retrasos o demoras.

X. La rueda de la fortuna (o El giro de la vida). Equilibrio, orden, buena marcha, suerte, dinero, prosperidad. También cambios o traslados beneficiosos.

XI. La fuerza (o La fortaleza). Resistencia, laboriosidad, esfuerzo, lucha, vitalidad. También logro personal, político o social gracias al esfuerzo.

XII. El colgado (o La picota). Periodo de transición, castigo, penas, pruebas de tipo personal, físico o monetario. También situación estacionaria, parada, negocios o gestiones que no funcionan.

XIII. La muerte (o La guadaña). Cambio inesperado o doloroso, fracaso en un proyecto, divorcio, robo, pérdida de empleo. También enfermedad de un allegado, intervención quirúrgica o accidente, muerte de alguien cercano.

XIV. La templanza (o La moderación). Disciplina, continencia, autocontrol, equilibrio entre lo material y lo espiritual, habilidad para armonizar lo distinto. También acuerdos, intercambios, reconciliación.

XV. El diablo (o El maligno). Acciones negativas, vicios, peligros, obsesiones, pasiones incontroladas. También toxicomanías, amenazas ocultas, sucesos desdichados.

XVI. La torre (o La Bastilla). Hundimiento, caída, ruina, separación, problemas con la casa o vivienda. También golpes, fracturas, afecciones reumáticas, de la columna o de la dentadura.

XVII. La estrella (o La esperanza). Ayudas, creatividad, alegría, buenas perspectivas, reconciliaciones, logros profesionales. También estabilidad de la pareja, premios, próxima maternidad.

XVIII. La luna (o La noche). Intrigas, engaños, conflictos familiares y conyugales, enemigos ocultos. También espejismos, fantasías, depresiones emocionales y problemas relacionados con los órganos femeninos y la maternidad.

XIX. El sol (o La luz). Felicidad, gloria, satisfacciones, alegrías, amor y matrimonio, dinero, ayudas económicas. También fortaleza, fertilidad, buena relación con los hijos y los hermanos.

XX. *El juicio (o La resurrección)*. Nuevas situaciones favorables, herencia, cambio de domicilio o de trabajo, recuperación personal o profesional. También restablecimiento de la salud y posibilidad de nueva pareja o matrimonio.

XXI. *El mundo (o El universo)*. Cumplimiento, éxito, popularidad, amistades, ayudas, actividades colectivas, buena salud. También viajes provechosos, contactos con el extranjero, asuntos internacionales.

Epílogo

Llegamos aquí al final de este libro, que es también el comienzo de tu iniciación como bruja moderna. Piensa bien en todo lo que has leído y reflexiona un poco sobre los fundamentos de nuestra hechicería. Concéntrate de tanto en tanto en la energía universal y procura visualizar sus vibraciones. Inténtalo también contigo misma, con las otras personas y con los instrumentos que utilizarás en los hechizos.

Ante todo recuerda que una bruja aspira a participar, en su modesta persona, de los conocimientos de la sabiduría ancestral. Repasa las Siete Leyes, practica la concentración y la relajación, y explora los chakras de tu cuerpo con el poder de la mente.

En una primera fase, y hasta que hayas adquirido soltura y experiencia con los hechizos, sé cuidadosa en su ejecución y sigue al pie de la letra las explicaciones y los procedimientos que se indican en este manual. Más adelante ya podrás «soltarte el pelo», descubrir los colores, las flores o los metales que producen mejores vibraciones contigo, hacerte tu arcano personal, modificar los elementos de los hechizos y crear tus propios conjuros. Pero no te apresures. Apunta tus impresiones y resultados, haz pequeños ensayos, busca las mejores vibraciones y, sobre todo, búscate a ti misma y a tu poder.

Habrás notado que he insistido bastante en la disposición y las actitudes con las que debemos apoyar la fuerza de nuestros hechizos. He dicho antes que las brujas no hacemos milagros, y eso vale para nosotras mismas y para nuestra influencia sobre los demás. Proponte finalidades razonables, no te opongas a la naturaleza de las cosas, no dudes de la sabiduría energética. Si un hechizo no funciona, eso significa que algo ocurre contigo, o lo que pides no es bueno para el equilibrio universal, para otra persona o para ti misma.

Si eres consecuente, prudente e inteligente, si estás dispuesta a ayudar a la brujería con las actitudes mentales y emocionales que recomendamos en las observaciones y consejos que acompañan cada hechizo, no solo llegarás a ser una buena bruja moderna, sino también una persona más equilibrada y un poco más sabia.

Que así sea..., ¡y así será!

Sobre la autora

Montse Osuna es una de las precursoras de la corriente de brujas y brujos con una nueva conciencia, que buscan conciliar la sabiduría de la magia ancestral con la cultura y la ciencia de nuestros días. Ha cursado estudios de psicoterapia, parapsicología, terapias regresivas y el análisis exhaustivo de los efectos y virtudes del color en las personas y sus actos para mejorar sus vidas. También ha indagado en la profundización crítica de las tradiciones de la magia europea y oriental.

Ejerce una hechicería natural, sencilla, ecológica, ancestral y moderna, basada en la conjunción de las energías del universo y las de la propia ejecutante. Su propósito es difundir los conocimientos que permitan a otras personas, por medio de hechizos de fácil realización, utilizar sus energías cósmicas.

Montse dirige una concurrida consulta en Barcelona e interviene con frecuencia en programas de radio y televisión. Colaboró 1998 como tertuliana en el programa de RNE *Cita con Pilar durante más de seis años*. Ha publicado numerosos libros, como *Las virtudes mágicas de los siete colores, Magia celta, Magia de la bruja moderna para atraer el dinero, Hechizos amorosos de la Bruja Moderna, Magia erótica, Cocina mágica de la Bruja Moderna*, o *El libro de magia de la bruja moderna*, muchos de ellos traducidos a varios idiomas. Siendo *bestseller* en Italia.

Montse imparte talleres, seminarios, charlas motivaciona-
les y conferencias por todo el mundo. Tiene un fuerte compromiso social; está concienciada y entregada a la mejora del
medioambiente y a la lucha por la igualdad de las mujeres, y
colabora y trabaja frecuentemente para ayudar a personas que
padecen cáncer y otras enfermedades, así como con mujeres
víctimas de violencia de género.

Bibliografía

Bourgoignie, G. E., *Perspectives en ecologie humaine*, Éd. Universitaires, París, 1972.

Bowes, S., *Notions and Potions*, Sterling Publishers, Nueva York, 1997.

Chamouleau, A. y J., *La curación por las plantas*, Ediciones Martínez Roca, Barcelona, 1989.

Coates, A., *Numerología*, Ediciones Martínez Roca, Barcelona, 1994.

Dolnick, B., *Hechizos amorosos*, Ediciones Martínez Roca, Barcelona, 1994.

_____*Hechizos Para triunfar*, Ediciones Martínez Roca, Barcelona, 1996.

Dunwich, G., *La magia de las velas*, Ediciones Martínez Roca, Barcelona, 1992.

_____*Everyday Wicca. Magickal Spells Throughout the Year*, Carol Publishing Group, Nueva Jersey, 1997.

Ginzburg, C., *Mitos, emblemas, indicios*, Gedisa, Barcelona, 1989.

Gray, D. y Starwoman, A., *How to Turn Your Ex-boyfriend into a Toad and Other Spells*, HarperCollins, Sydney, 1996.

Hardie, T., *Hocus Pocus. Titania's Book of Spells*, Quadrille Publishing, Londres, 1996.

Harp, D., y Feldman, N., *Meditación práctica*, Ediciones Martínez Roca, Barcelona, 1991.

Kwok Man Ho y otros, *Las líneas del destino*, Ediciones Martínez Roca, Barcelona, 1989.

Lacy, M. L., *El poder mágico de los colores*, Ediciones Martínez Roca, Barcelona, 1995.

Llaugé, F., *Tarot básico*, Ediciones Martínez Roca, Barcelona, 1995.

Méndez, C., *El maravilloso número siete*, Bienes Lacónica, C. A., Caracas, 1993.

Salas, E., *El arte de echar las cartas*, Ediciones Martínez Roca, Barcelona, 1983.

Shimon, Z. Ben, *La cábala*, Editorial Debate, Madrid, 1989.

Sibony, D., *Les trois monotheismes*, Seuil, París, 1992.

Tannen, D., *You Just Don't Understand*, W. Morrow & Co., Nueva York, 1990.

Telesco, P., *Spinning Spells, Weaving Wonders*, The Crossing Press, California, 1996.

Si deseas recibir información sobre las actividades de Montse Osuna (cursos, talleres, charlas, consulta, terapia, publicaciones, etc.), puedes encontrarla en:

https://montseosuna.com/
contacto@montseosuna.com

ACOMPÁÑAME EN MIS REDES SOCIALES